ÉTUDE

SUR LES

ORIGINES RÉVOLUTIONNAIRES

DES CODES NAPOLÉON

PAR

M. SÉVIN

CONSEILLER A LA COUR DE CASSATION

NOUVELLE ÉDITION

APPROUVÉE PAR M. MERCIER

PREMIER PRÉSIDENT DE LA COUR DE CASSATION

Neminem lædere,
Suum cuique tribuere.

PARIS

IMPRIMERIE ET LIBRAIRIE GÉNÉRALE DE JURISPRUDENCE

MARCHAL, BILLARD ET Cie, IMPRIMEURS-ÉDITEURS

LIBRAIRES DE LA COUR DE CASSATION

Place Dauphine, 27

1879

ÉTUDE

SUR LES

ORIGINES RÉVOLUTIONNAIRES

DES CODES NAPOLÉON

PARIS

TYPOGRAPHIE GEORGES CHAMEROT

19, RUE DES SAINTS PÈRES, 19

ÉTUDE

SUR LES

ORIGINES RÉVOLUTIONNAIRES

DES CODES NAPOLÉON

PAR

M. SÉVIN

CONSEILLER A LA COUR DE CASSATION

NOUVELLE ÉDITION

APPROUVÉE PAR M. MERCIER

PREMIER PRÉSIDENT DE LA COUR DE CASSATION

Neminem lædere,
Suum cuique tribuere.

PARIS

IMPRIMERIE ET LIBRAIRIE GÉNÉRALE DE JURISPRUDENCE

MARCHAL, BILLARD ET Cie, IMPRIMEURS-ÉDITEURS

LIBRAIRES DE LA COUR DE CASSATION

Place Dauphine, 27

1879

A

MONSIEUR MERCIER

PREMIER PRÉSIDENT DE LA COUR DE CASSATION

Monsieur le premier Président,

M. Sévin, notre ami, vous soumettait, feuille par feuille, son étude sur les origines révolutionnaires des Codes Napoléon.

Vous voulez bien m'autoriser à constater le souvenir de ces communications.

La publication de cette œuvre utile et toute juridique ne pourrait avoir une préface meilleure.

Agréez, je vous prie, Monsieur le premier Président, l'hommage de mon respect.

A. LEMERCIER,

Docteur en droit.

Le 24 juin 1867, M. Hauréau (1) annonçait ainsi dans le journal *le Temps* la mort de M. Sévin :

« M. Sévin, conseiller à la Cour de cassation, vient de mourir, à l'âge de soixante-sept ans, après une longue maladie. M. Sévin était simple avocat dans la ville du Mans, quand, peu de jours après la révolution de Février, il fut appelé à Paris, et, sur les instances de M. Ledru-Rollin, nommé avocat général à la Cour de cassation. Étant député de la Sarthe, M. Ledru-Rollin avait connu M. Sévin et avait apprécié son rare mérite.

« Cette nomination surprit la Cour ; elle accueillit d'abord avec défiance le candidat si vivement recommandé par le ministre de l'intérieur ; mais bientôt, quand M. Sévin eut fait connaître l'étonnante sagacité de son esprit, le choix de M. Ledru-Rollin fut haute-

(1) Directeur actuel de l'Imprimerie nationale.

ment approuvé. M. Sévin fut bientôt nommé conseiller à la Cour de cassation. Après les évènements de décembre 1851, désireux de se mettre à l'écart des choses politiques, il réclama, comme un des anciens de la Cour, son admission à la chambre civile.

« C'est dans cette chambre qu'il vient de mourir. La Cour de cassation perd un homme d'un profond savoir, d'un charmant caractère et d'une irréprochable probité. Qu'il soit permis à l'auteur de ces lignes d'ajouter qu'il perd un des compagnons de sa vie, qu'il a connu, dans toutes les circonstances, dans toutes les épreuves, un ami prudent, mais résolu, de la liberté. »

Quelques mois plus tard, M. Bédarrides, avocat général, consacrait à M. Sévin le passage suivant dans le discours prononcé le 4 novembre 1867 à l'audience de rentrée de la Cour de cassation :

« La mort de M. Sévin a suivi de près celle de M. d'Ubexi. Quoique prévue, elle n'en a pas moins causé une profonde douleur ; car M. Sévin était aussi une des lumières de la Cour.

« Ces deux magistrats avaient une sorte de fraternité d'origine et de talent ; ils sortaient tous deux du barreau où la révolution de Février les prit tout formés. S'il faut à des temps nouveaux des hommes nouveaux, le gouvernement de cette époque ne pouvait pas faire de meilleurs choix ; mais il ne fallait rien moins que de si éminentes qualités pour remplacer les garanties de l'éducation magistrale.

« Simple avocat au Mans, M. Sévin a débuté dans la magistrature par les fonctions d'avocat général à la Cour de cassation. La Cour sait par quel travail opiniâtre et consciencieux il chercha à justifier la distinction dont il avait été l'objet, et comment il mérita sa haute confiance.

« Les trois chambres de la Cour l'ont vu successivement à l'œuvre pendant onze ans, et ont pu apprécier la finesse judicieuse et la flexibilité de cet esprit qui sut, instrument docile, se plier aux nécessités et aux convenances de tous les services.

« Après avoir été ainsi éprouvé, M. Sévin devait être une précieuse acquisition pour la cour ; aussi, dès qu'il fut nommé conseiller, devint-il un des membres les plus autorisés de la chambre civile dont il fit partie.

« M. Sévin ne fut pas seulement un magistrat de talent ; il avait cette valeur morale qui commande le respect et inspire la sympathie. La sûreté de son caractère et la bienveillance la plus exquise, dont sa physionomie même portait l'empreinte, lui avaient concilié l'estime et l'affection de tous ses collègues. »

Enfin, M. le premier président Mercier m'écrivait, le 7 septembre dernier : « J'ai conservé une trop haute estime de notre ami M. Sévin pour ne pas contribuer à honorer sa mémoire en acceptant le patronage, que vous voulez bien m'offrir, de la nouvelle édition de son Étude sur les origines révolutionnaires des Codes Napoléon. »

Ceux qui liront cette étude comprendront, comme les lecteurs de la *Revue pratique de droit français* qui la connaissaient déjà, les éloges et l'estime mérités par M. Sévin; ils regretteront que la modestie de l'auteur l'ait empêché de la publier, et que son mémoire sur des questions d'enseignement administratif toujours actuelles, quoique couronné par l'Institut en 1864[1], soit à peine connu de quelques-uns de ses amis.

AB. L.

ÉTUDE

SUR LES

ORIGINES RÉVOLUTIONNAIRES

DES CODES NAPOLÉON

Neminem lædere,
Suum cuique tribuere.

Les lois modernes de la France ont été souvent étudiées dans leurs sources anciennes; et pas un ouvrage de droit ne tente de les commenter ou de les expliquer sans recourir à ces sources fécondes. Les principes philosophiques empruntés aux lois romaines, modifiés par le christianisme; les rapports sociaux fondés sur la tradition, les mœurs et les usages, consacrés par notre droit coutumier; les essais de réformes et de généralisation dus aux ordonnances de nos rois; toutes ces origines de notre droit actuel ont été fouillées et étudiées, tant par les hommes éminents appelés à la fonction de législateur que par les hommes de science qui se sont attachés à développer leur œuvre.

Une lacune pourtant peut être signalée : on s'est peu occupé de ce qu'on a appelé la *législation intermédiaire*, on l'a sacrifiée avec dédain comme l'expression d'un temps troublé, indigne d'étude et d'examen; et, passant sans transition de 1789 à 1800, de la monarchie ancienne à la renaissance consulaire, on a autorisé les étrangers, portés à dénigrer l'œuvre dont ils étaient jaloux, à considérer notre codification récente comme une copie ou un pastiche de quelques livres anciens. Quelques-uns n'y ont vu, pardon pour ces irrévérencieuses paroles, — que la besogne *d'un tas de procureurs conduits par un soldat*; — d'autres ont reproché à nos codes l'absence de philosophie et de principes généraux.

Ce sont ces injustices que nous voudrions combattre. Nous voudrions dire comment et pourquoi cette législation a obtenu le succès de l'imitation chez presque tous les peuples : nous voudrions justifier ce succès par le double mérite qui lui appartient, d'avoir résumé, dans un habile éclectisme, les progrès et les enseignements du passé, et d'avoir rompu avec ce passé dans tout ce qu'il avait d'incompatible avec les idées nouvelles. Esprit à la fois conservateur et novateur, tel nous apparaît celui qui a inspiré nos codes.

La première face de cet esprit est assez connue. Œuvre de conciliation entre le droit écrit et le droit coutumier, réalisation des ordonnances dues au génie des chanceliers de France depuis l'Hospital jusqu'à d'Aguesseau, la loi moderne a conservé tout ce qui, dans l'édifice entier de la législation, pouvait s'adapter à la nature de l'homme, à ses rapports sociaux, à son état dans le monde. Mais on n'a pas assez rendu justice aux manifestations de l'esprit nouveau, aux changements radicaux qu'exigeait l'immense rénovation de la société; et, faute d'avoir vu dans les textes écrits ces changements qu'avait proclamés une révolution alors comprimée et condamnée, on a accusé de sécheresse et de froideur une législation qui reposait pourtant sur les plus grands principes qui eussent jamais régné sur le monde.

C'est qu'en effet les codes nouveaux n'avaient pas besoin d'écrire en tête de leurs dispositions ce qui était acquis aux générations futures au prix terrible d'une révolution. Il leur suffisait d'en profiter, de s'y conformer, de se faire, comme on l'a dit de l'empereur Napoléon (1), les exécuteurs civils de cette révolution.

Quels sont donc ces principes nouveaux que consacrent implicitement les codes promulgués par l'empereur Napoléon? Ils ont un nom, et ce nom est une date : cette date est une époque dans l'histoire de l'humanité. Ce sont les principes de 1789.

Ils sont invoqués de toutes parts, et souvent dans des sens divers. Mais si, dans la langue politique, ils peuvent encore prêter matière à controverse, la langue du droit doit leur donner une signification précise; et il convient d'en sonder l'importance et l'étendue. Alors seulement apparaîtront les bases philosophiques de nos lois actuelles; et nous pourrons répondre aux critiques, que ces lois ne sont pas seulement claires et raisonnables comme un traité de Pothier, mais qu'elles sont, de plus, un monument immortel de l'esprit de liberté, d'égalité, de fraternité, que le christianisme a transmis à la Révolution. Alors aussi nous pourrons apprécier plus justement quelle reconnaissance est due à nos pères, ouvriers laborieux de cette grande régénération sociale.

Nous venons de prononcer trois grands mots : ils ont été le symbole révolutionnaire; ils sont au fond de nos lois; ils résument les principes de 1789.

Nous ne dirons pas tout ce qui manquait, sous ce triple aspect, à la société ancienne. Nous aimons mieux énumérer ce qui a été fait pour détruire les inégalités, les servitudes, les injustices, qui servaient de base à un régime dont les vices avaient amené la condamnation providentielle.

Nous ne voulons pas nous arrêter non plus à définir longuement, à classer systématiquement les trois termes

(1) M. Mignet, *Éloge de Portalis*.

de la grande aspiration de 1789. Souvent ils rentrent l'un dans l'autre, et il est difficile de les distinguer : car ils sortent tous de la nature de l'homme, du sentiment de ses devoirs et de ses droits ; et l'âme humaine est une dans les manifestations diverses de sa force, de son intelligence et de son amour. Reconnaissons seulement que, dans l'objet de nos études, nous rencontrerons tantôt une manifestation plus favorable au développement de l'activité, de la liberté humaine, tantôt une organisation qui, fondée sur l'abolition de privilèges non justifiés, reconnaîtra l'égalité originelle des hommes et la fera prévaloir sur des inégalités factices, tantôt enfin des institutions qui, destinées à relier les hommes, fondées sur le sentiment d'amour et de sociabilité inné en eux, réalisera les promesses et les espérances de l'ordre divin.

I

La *liberté* fut le premier vœu, le premier cri de la révolution de 1789. Pour quelques-uns la liberté n'était qu'un moyen, le but était l'égalité. Mirabeau le disait à la tribune le 27 mars 1790 (1). Mais d'autres voulaient la liberté pour elle-même : ils la voulaient, non-seulement comme arme de guerre contre un régime à détruire, mais comme un objet digne de l'aspiration la plus élevée de l'homme, comme la satisfaction de ses facultés, de ses besoins, de sa nature, comme le but le plus digne de son activité, comme le gage le plus sûr de son développement et de ses progrès. La liberté apparaissait, à cette époque d'enthousiasme, comme la destruction de tous les genres de servitude qu'on avait supportés jusqu'alors.

Car la servitude elle-même, bien que transformée et

(1) « Que voulons-nous? Arriver à l'égalité *par* la liberté. »

amoindrie depuis des siècles, n'avait pas entièrement cessé. Louis XVI, en 1779, n'avait pu l'abolir que dans ses domaines, où elle serait à l'avenir remplacée par un cens pécuniaire. Quant aux servages et mains-mortes des domaines seigneuriaux, le Roi se bornait à faciliter les affranchissements et à supprimer le droit de suite et de poursuite des serfs (1) : mesures libérales, mais insuffisantes à la veille d'une révolution qui devait inscrire sur son drapeau le nom de la liberté.

Tous les précurseurs de la révolution la voulaient, cette liberté. « Le Parlement, disait d'Espréménil, est décidé à « ne plus juger que des hommes libres dans leurs per- « sonnes, dans leurs pensées, dans leurs propriétés ; c'est « un point résolu. La liberté individuelle, la liberté poli- « tique et la liberté de la presse, nous obtiendrons ces « trois biens pour la nation, ou nous périrons (2). »

Telles étaient aussi les instructions que donnaient les cahiers des bailliages à leurs députés :

« Les représentants demanderont : l'abolition de la ser- « vitude personnelle sans aucune indemnité, de la ser- « vitude réelle en indemnisant les propriétaires (Paris, « Tiers). »

Et ce vœu fut immédiatement exaucé par l'Assemblée constituante. Le premier de ses décrets de la nuit du 4 août porte que « dans les droits et devoirs tant féodaux « que censuels, ceux qui tiennent à la main-morte réelle « ou personnelle et à la servitude personnelle, et ceux « qui les représentent, sont abolis sans indemnité, et tous « les autres déclarés rachetables. »

La liberté personnelle était ainsi consacrée, et le Code civil n'eut besoin que de son silence pour la protéger :

(1) Il est curieux de remarquer que ces dispositions sur la suite et la poursuite des esclaves ont donné le premier signal de la scission entre les États de l'Amérique du Nord.

(2) Lettre de d'Espréménil au comte d'Entraigues.

silence éloquent qui, lorsqu'il s'agit des personnes, s'abstient de toute distinction, de toute classification empruntée à d'anciennes injustices : la liberté, selon le mot de Mirabeau, conduisait à l'égalité. C'est à peine si le législateur moderne s'est occupé de prévenir le retour du servage, et a cru devoir protéger la liberté contre la liberté elle-même, contre le consentement des intéressés : on ne peut engager ses services qu'à temps ou pour une entreprise déterminée (art. 1780, C. N.) (1).

Ce principe, il s'agissait, pour l'Assemblée constituante, de l'appliquer à des engagements perpétuels qui, depuis longtemps, étaient signalés comme nuisibles à l'État, comme contraires à la liberté des personnes. Qu'allait-elle décider pour les vœux monastiques?

Elle hésita d'abord; et, le 28 octobre 1789, elle ajourna la question, ordonnant seulement, et par provision, que l'émission des vœux serait suspendue dans tous les monastères de l'un et de l'autre sexe.

Mais, après un nouvel examen, l'Assemblée reconnut, comme principe constitutionnel (2), que l'homme ne pouvait se lier par des vœux ou engagements perpétuels, enchaîner à tout jamais sa volonté, renoncer à sa personnalité, se faire mort civilement; car telle était la condition commune des membres du clergé régulier. En conséquence, le 13 février 1790, les ordres et congrégations dans lesquels on fait de pareils vœux sont supprimés. Mais la liberté n'est pas violemment imposée à tous ces sujets d'une servitude volontaire. Ils pourront choisir : ou sortir de leurs maisons en recevant une pension, ou rester

(1) « Tout homme peut engager ses services à temps, mais il ne « peut se vendre ni être vendu : sa personne n'est pas une propriété « aliénable. » (Constitution de 1793, art. 18; Constitution de l'an III; Déclaration des droits.)

(2) Constitution de 1791 : « La loi ne reconnaît plus ni vœux reli- « gieux, ni aucun autre engagement qui serait contraire aux droits « naturels ou à la Constitution. »

dans celles qui leur seront indiquées comme lieux de retraite. On excepte au surplus de ces mesures les maisons chargées de l'éducation publique et des établissements de charité : on excepte aussi les religieuses de l'obligation de réunir plusieurs maisons en une seule; elles pourront rester dans celles qu'elles occupent.

Ces dispositions étaient sages et humaines. On les compléta le 20 février 1790 par la fixation des pensions des religieux sortis de leurs maisons (1), par l'attribution des maisons, jardins et enclos dans les villes et les campagnes pour ceux qui préféraient continuer la vie en commun, par l'assignation d'un traitement annuel à raison du nombre et de l'âge des religieux qui y résideraient. Comme conséquence de leur retour à la liberté, le même décret leur rend certains droits de succession, légitimes ou testamentaires, mais en respectant leurs engagements antérieurs, sur lesquels leurs familles ont dû compter. Plus tard, les ci-devant religieux et religieuses seront même traités plus favorablement : on les admettra à partage dans les successions ouvertes depuis le 14 juillet 1789 (lois des 5 brumaire et 17 nivôse an II), puis seulement dans les successions échues depuis la promulgation de la loi du 5 brumaire an II (loi du 18 pluviôse an V).

C'est à l'Assemblée législative qu'il faut reporter l'expulsion des religieux et religieuses des maisons qu'ils occupaient, et la mise en vente de ces maisons (décret du 17 août 1792). C'est aussi cette Assemblée qui supprima les congrégations séculières et les confréries, même celles vouées à l'enseignement public et au service des hôpitaux, tout en décidant que les membres de ces congrégations continueraient leur service jusqu'à l'organisation définitive de ces deux institutions (décret du 18 août 1792).

(1) Aux mendiants : 700 livres jusqu'à l'âge de 50 ans; 800 livres jusqu'à 70 ans; 1,000 livres après 70 ans; aux religieux non mendiants, 900 livres, 1,000 livres, 1,200 livres.

Mais arrêtons-nous à l'œuvre de l'Assemblée constituante. Nous la voyons, par respect pour la liberté humaine, refuser de reconnaître les engagements perpétuels, réserver à ceux qui les auraient contractés le droit d'y renoncer et de se repentir, laisser ouverts les asiles que rechercheront les âmes blessées et fatiguées du monde. C'est encore aujourd'hui la loi. Les dévouements et les vœux perpétuels peuvent s'exercer en toute liberté. Mais cette liberté n'est pas enchaînée par une volonté peut-être irréfléchie : l'homme, cet être essentiellement *divers* et *ondoyant,* n'a pas pu promettre une persistance perpétuelle de sa volonté. Sachons gré à l'Assemblée constituante d'avoir posé ces principes.

La logique aurait pu la conduire plus loin. Les vœux perpétuels du clergé séculier seraient-ils d'une autre nature que ceux du clergé régulier ? La conscience du prêtre pourrait-elle être répudiée comme celle du moine ? L'Assemblée ne voulut pas examiner cette question brûlante (1). La faute qu'elle commit en décrétant une constitution civile du clergé, elle ne la porta pas jusqu'à proscrire comme contraires à la liberté de l'homme les engagements perpétuels qui constituent le caractère du prêtre. Il était réservé à une assemblée plus téméraire, plus entraînée par l'ivresse de la lutte et par les ardeurs de la vengeance, de proclamer la liberté du prêtre, resté prêtre, de le relever de son vœu de célibat, de décréter : « qu'au« cune loi ne peut priver du traitement les ministres du

(1) Lorsqu'on discuta la suppression des ordres religieux, M. l'abbé de Montesquiou proposa de décréter que la loi ne reconnaîtrait plus *les vœux solennels* de l'un et de l'autre sexe. Cette expression trop large fut critiquée par Mirabeau. « Je demande, dit-il, à M. l'abbé de Montesquiou ce que c'est que les vœux solennels de l'un ou de l'autre sexe? Je demande si le mariage n'est pas un vœu solennel? » M. de Montesquiou reconnut la justesse de l'observation, et consentit à ce que le mot *monastique* fût mis après le mot solennel. La loi ne s'applique donc qu'aux vœux monastiques.

« culte catholique qui se marient (19 juillet 1793). Que les « évêques qui apporteraient, soit directement, soit indi- « rectement, quelque obstacle au mariage des prêtres se- « raient déportés et remplacés (20 juillet 1793). Que toute « destitution de ministre du culte catholique qui aurait « pour cause le mariage des individus qui y sont attachés, « demeure annulée; et que le prêtre qui en est l'objet « pourra reprendre ses fonctions (12 août 1793). » Tel fut le dernier mot de la Convention.

L'Assemblée constituante ne connut pas ces excès (1). Le clergé constitutionnel qu'elle créa était dans sa pensée un clergé véritable, un clergé catholique dont les membres ne pouvaient répudier sans doute le caractère indélébile du prêtre. Rien du moins, dans les actes officiels de la célèbre Assemblée, n'autorise une autre pensée. Elle se borna à restituer à la liberté humaine ce qu'elle regarda comme inséparable de la nature de l'homme.

Mais elle n'osa pas appliquer à tous les hommes ces généreux principes. L'esclavage subsistait dans toute sa rigueur aux colonies françaises : elle ne toucha qu'avec prudence et réserve à cette déplorable institution. Ce n'est pas à elle qu'on put reprocher d'avoir sacrifié les colonies à un principe.

Si elle n'hésita pas à proclamer de nouveau la maxime déjà appartenant au droit public, que tout individu est libre aussitôt qu'il est entré en France (28 septembre 1791); si elle déclara (même décret) que tout homme, de quelque

(1) C'est à l'Assemblée législative qu'il faut attribuer la première décision *implicite* sur la question. Le 19 octobre 1791, une pétition des administrateurs du département de Maine-et-Loire demandait si un bénéficier, *qui n'était pas dans les ordres* et qui venait de se marier, devait conserver son traitement. Delaunay d'Angers prétendit que plusieurs pensionnaires ecclésiastiques n'osaient remplir *le vœu de la nature et de l'humanité*, par la crainte d'être privés de leur pension. L'Assemblée, attendu qu'il n'existait pas de loi contraire à la pétition, passa à l'ordre du jour.

couleur qu'il soit, jouit en France de tous les droits de citoyen, s'il a les qualités prescrites par la constitution pour les exercer; elle s'arrêta devant l'opposition des assemblées coloniales, gardiennes jalouses de l'institution de l'esclavage. Elle décrète (15 mai 1791) que le Corps législatif ne délibérera jamais sur l'état politique des gens de couleur qui ne seraient pas nés de père et mère libres, sans le vœu préalable, libre et spontané des colonies. Elle admet bien (même décret) les gens de couleur dans les assemblées paroissiales et coloniales futures, mais seulement ceux nés de père et de mère libres. Si elle adresse (15 juin 1791) aux assemblées coloniales une instruction sur le régime des colonies françaises, résultant de décrets de l'Assemblée nationale acceptés et sanctionnés par le roi, cette instruction garde le silence le plus absolu sur l'esclavage et sur la condition des personnes.

Mais il y a plus; et l'espèce d'égalité établie par le décret du 15 mai entre les gens de couleur libre et les blancs, ceux-ci l'attaquèrent bientôt; et, sur un rapport de Barnave, au nom du comité colonial, invoquant la distance infranchissable entre l'homme de couleur et l'homme blanc, l'Assemblée nationale abandonna ce qu'il y avait de libéral dans son décret du 15 mai, et, renonçant à son pouvoir législatif sur les colonies (1), décida (décret du 24 septembre 1791, art. 5) que les lois concernant l'état des personnes non libres et l'état politique des hommes de couleur et nègres libres, ainsi que les règlements relatifs à l'exécution de ces mêmes lois, seraient faits par les assemblées coloniales, s'exécuteraient provisoirement avec l'approbation des gouverneurs des colonies, et seraient portés directement à la sanction du roi. Il fallut la révolte des esclaves noirs de Saint-Domingue et le besoin que les blancs crurent avoir des hommes de couleur, pour arra-

(1) *Hist. parl.*, XI, 461.

cher aux premiers le concordat de Port-au-Prince (11 septembre 1791) par lequel étaient reconnus les droits des hommes de couleur libres et leur égalité avec les blancs. Ce concordat fut approuvé (le 7 décembre 1791) par l'Assemblée nationale, sur la proposition de Brissot (1), mais il ne s'appliquait qu'à la colonie de Saint-Domingue ; et ce n'est que par un décret de l'Assemblée législative (23 mars 1792) qu'il fut définitivement statué que les personnes de couleur, mulâtres et nègres libres, jouiraient, ainsi que les colons blancs, de l'égalité des droits politiques; qu'ils seraient admis à voter dans toutes les assemblées primaires et électorales, et seraient éligibles à toutes les places, lorsqu'ils réuniraient d'ailleurs les conditions prescrites par l'instruction du 28 mars 1790 (2). Guadet et Gensonné avaient proposé ce décret.

L'Assemblée constituante avait donc laissé subsister l'esclavage dans les colonies : elle avait cru faire beaucoup en reconnaissant les droits des hommes de couleur libres. Elle laissa à la Convention la tâche de compléter son œuvre de liberté, en décrétant (27 juillet 1793) la suppression des primes accordées jusqu'alors pour la traite, en proclamant (16 pluviôse an II) l'abolition de l'esclavage des nègres dans toutes les colonies (3), l'admission de tous les hommes, sans distinction de couleur, au titre de citoyen français. Cette dernière mesure, votée d'enthousiasme pour récompenser les noirs de Saint-Domingue d'avoir conservé la colonie à la France, fut, on le sait, révoquée sous le Consulat (loi du 30 floreal an x), et la désastreuse expédition de Saint-Domingue fut la conséquence du retour à l'esclavage. C'est dans cet état que le Code civil trouva la société aux colonies : il la laissa comme il l'avait trouvée, et, non moins circonspect que l'Assemblée

(1) *Hist. parl.*, XII, 301.
(2) *Id.*, XIII, 426.
(3) *Id.*, XXXI, 266.

constituante, il remit au temps la solution d'une question qui n'a été tranchée avec ménagement que de nos jours.

Ici encore, nous voyons donc le Code en parfaite communauté d'idées avec l'Assemblée constituante.

Cette illustre Assemblée fut plus hardie, plus décidée, en ce qui concerne la *liberté individuelle.*

Les abus étaient grands, il y avait urgence. Les *lettres de cachet* étaient la négation complète de la liberté des citoyens. Une procédure criminelle vicieuse laissait cette liberté sans garanties. Les réclamations contre cet ordre de choses furent unanimes.

Les cahiers des bailliages renferment l'expression de ces vœux, qui devaient bientôt devenir des ordres (1). « Les « lois seules peuvent priver un citoyen de la liberté de sa « personne. Les lettres de cachet et tous les ordres qui « attenteraient à la liberté individuelle, sont à jamais « proscrits (2). » Ainsi s'exprimaient les électeurs qui envoyaient les mandataires de la France aux États-Généraux de 1789. Ils demandaient aussi : « l'institution du juge- « ment par jurés (3); l'inamovibilité des juges (4); la pu- « blicité des jugements et les jugements motivés (5) ; « l'établissement d'un Code pénal, la publicité de l'ins- « truction, l'adoucissement des peines, la suppression du « droit de confiscation (6); l'abolition de la sellette, de « toute torture préalable à l'exécution, et de tout sup- « plice qui ajoute à la perte de la vie des souffrances « cruelles et prolongées (7). Quelques cahiers demandent « que les accusés absous reçoivent une indemnité; que

(1) Noblesse : Artois.
(2) Unanimité des trois ordres.
(3) Noblesse : Ponthieu, Tiers : Paris.
(4) Noblesse : vicomté de Paris.
(5) Noblesse : Bas-Vivarais.
(6) *Hist. parl.*, I, 332.
(7) Tiers : Paris. Noblesse : Montargis.

« les dénonciateurs soient civilement responsables, « etc. (1). »

S'il était nécessaire de démontrer l'urgence des mesures radicales qui furent prises en cette matière, il suffirait de rappeler avec quelle timidité, avec quelle hésitation avaient été admises les réformes insuffisantes que la force des idées dominantes avait arrachées au pouvoir.

On a tenu compte à Louis XVI, et avec raison, de deux déclarations du 24 août 1780 et du 1er mai 1788, la première abolissant la question préparatoire, la seconde annonçant le projet d'une révision générale des lois criminelles, introduisant quelques adoucissements immédiats, et supprimant la question préalable, mais seulement par forme d'essai, sous réserve de la rétablir en cas de besoin.

Dans l'ordonnance de 1780, le roi proteste qu'il est de sa sagesse « de ne point ouvrir des facilités pour intro- « duire en toutes choses un droit nouveau qui ébranlerait « les principes et pourrait conduire par degrés à des inno- « vations dangereuses. » Mais il n'a pu se refuser aux réflexions et à l'expérience des premiers magistrats, qui lui ont *laissé entrevoir* dans ce genre de condamnation trop de rigueur contre l'accusé : il consent donc, par un effet de la clémence qui lui est naturelle, à se relâcher en cette occasion de l'ancienne sévérité des lois : il accorde en conséquence l'abolition de la question préparatoire, c'est-à-dire de la torture infligée à l'accusé pour obtenir l'aveu de son crime ; mais il laisse subsister la question préalable au supplice, la torture contre le condamné pour lui faire dénoncer ses complices.

L'ordonnance de 1788 est plus libérale, au moins en promesses : on sentait venir le souffle de 1789. Elle parle de la nécessité de mettre les lois au niveau de la raison pu-

(1) *Hist. parl.*, I, 332.

blique; elle promet une révolution dans la législation pénale; elle avertit que tous les sujets auront le droit de concourir à l'exécution du projet, en adressant des observations et des mémoires au garde des sceaux. Mais, selon que le fait remarquer un savant criminaliste (1), il ne s'agit là que d'un projet, ou, pour mieux dire, de l'annonce d'un projet : les quelques dispositions renfermées dans l'ordonnance ne changent rien au système général, et la suspension de la torture définitive n'y est même qualifiée que de mesure provisoire; tandis que depuis plusieurs années, antérieurement même à l'ordonnance de 1780, la torture était déjà supprimée à Naples, en Toscane, en Prusse et en Autriche.

Pareil esprit se fait remarquer dans la déclaration du roi du 23 juin 1789, alors qu'on faisait poser par Louis XVI les limites dans lesquelles il voulait renfermer les réformes exigées par l'esprit des temps. Ainsi le roi se borne à dire (2) qu'il examinera avec une sérieuse attention les projets qui lui seront présentés relativement à l'administration de la justice et aux moyens de perfectionner les lois civiles et criminelles; et il s'explique en ces termes sur les lettres de cachet :

« Art. 15. Le roi, désirant assurer la liberté personnelle de tous les citoyens d'une manière solide et durable, invite les États-Généraux à chercher et à lui proposer les moyens les plus convenables de concilier l'abolition des ordres connus sous le nom de *lettres de cachet* avec le maintien de la sûreté publique et avec les précautions nécessaires, soit pour ménager dans certains cas l'honneur des familles, soit pour réprimer avec célérité les commencements de sédition, soit pour garantir l'État des effets d'une intelligence criminelle avec les puissances étrangères. »

(1) M. Ortolan, *Rev. de législ.*, 1848, I, 197.
(2) Art. 28.

A ce plaidoyer indirect en faveur des arrestations arbitraires, les États-Généraux, devenus Assemblée nationale, répondirent :

1° Par l'article 7 de la déclaration des droits : — « Nul « homme ne peut être accusé, arrêté ni détenu, que dans « les cas déterminés par la loi et selon les formes qu'elle « a prescrites. Ceux qui sollicitent, expédient, exécutent « ou font exécuter des ordres arbitraires doivent être « punis... »

2° Par le décret du 16 mars 1790, qui ordonne la mise en liberté de toutes les personnes détenues par lettres de cachet, ou par ordre des agents du pouvoir exécutif, à moins qu'elles ne soient légalement condamnées ou décrétées de prise de corps, qu'il n'y ait eu plainte en justice portée contre elles pour raison de crimes emportant peine afflictive, ou que leurs pères, mères, aïeuls ou aïeules, ou autres parents réunis, n'aient sollicité et obtenu leur détention, d'après des mémoires et demandes appuyées sur des faits très-graves, ou enfin qu'elles ne soient renfermées pour cause de folie (art. 1er), — et le même décret pourvoyait (art. 6 et 9) à la vérification des causes de détention de ces deux dernières espèces de prisonniers.

La liberté des citoyens était donc replacée sous la garantie de la loi et sous la protection de la justice.

Mais la justice elle-même n'est que déception, quand elle n'est pas organisée de manière à donner des garanties à la liberté individuelle.

Aussi, et sans attendre la grande institution du jury, l'Assemblée voulut-elle, sur la proposition de la Fayette, qui revendique cette initiative dans ses mémoires, donner aux accusés les principales garanties que demandaient l'état des mœurs et la science sociale.

Par le décret du 9 août 1789 (confirmé et expliqué par celui du 22 avril 1790), il fut dit que, dans tous les lieux où il y a un ou plusieurs tribunaux établis, la municipalité, et, au cas qu'il n'y ait pas de municipalité, la communauté des habitants nommera un nombre suffisant de notables, parmi lesquels seront pris les adjoints qui assisteront à l'instruction des procès criminels (art. 1er). Ainsi, en l'absence d'une organisation judiciaire nouvelle, disparaissait la procédure secrète, inquisitoriale, contre laquelle s'élevaient tant de plaintes. Par l'art. 10 du même décret, l'accusé décrété de prise de corps avait la faculté de se choisir un ou plusieurs conseils, sinon le juge lui en donnait un d'office, et ce conseil pouvait communiquer avec lui en toute liberté. L'art. 18 autorisait la présence de ce conseil à tous les actes de l'instruction, sans pouvoir y parler au nom de l'accusé, ni lui suggérer ce qu'il doit dire ou répondre, si ce n'est dans le cas d'une nouvelle visite ou rapport quelconque, lors desquels il pourra faire ses observations, dont mention sera faite dans le procès-verbal. L'art. 21 établissait la publicité de l'audience, le jugement prononcé sur le rapport d'un des juges, les conclusions motivées du ministère public, et la défense présentée par le conseil de l'accusé. Obligation (art. 22) pour les juges de motiver la condamnation en exprimant les faits pour lesquels l'accusé est condamné, sans pouvoir employer la formule *pour les cas résultant du procès*. Enfin (art. 24), abolition de la sellette au dernier interrogatoire, *et de la question dans tous les cas*. Le 21 janvier 1790, la confiscation des biens des condamnés fut également abolie.

Bientôt, à la suite d'une discussion mémorable, l'Assemblée constituante décréta ces deux principes également salutaires : 1° qu'il y aurait des jurés en matière criminelle ; 2° qu'il n'en serait point établi en matière civile.

L'application du jury aux matières criminelles ne fut pas contestée, pour ainsi dire ; les juges de l'ancien régime avaient trop bien démontré la nécessité de cette institution. « Examinez, disait Thouret, un jeune magistrat com-« mençant sa carrière : il est inquiet, hésitant, minutieux

« jusqu'au scrupule, épouvanté du ministère qu'il va rem-
« plir, lorsqu'il doit prononcer sur la vie de son sembla-
« ble ; il a déjà plusieurs fois la preuve, et il cherche en-
« core à s'assurer qu'elle existe. Voyez-le dix ans après,
« surtout s'il a acquis la réputation de ce qu'on appelait
« au palais un grand criminaliste : il est devenu insou-
« ciant et dur, se décidant sur les premières impressions,
« tranchant sans examen sur les difficultés les plus graves,
« croyant à peine qu'il y ait une distinction à faire entre
« un accusé et un coupable, et envoyant au supplice des
« infortunés, dont la justice est bientôt obligée de réha-
« biliter la mémoire. Ce dernier excès de l'abus est l'effet
« presque inévitable de la permanence des fonctions en
« matière criminelle ; on ne tarde pas à faire par routine
« ce qu'on ne fait que par métier ; la routine éteint le zèle,
« et l'habitude d'être sévère conduit à quelque chose de
« pire que l'insensibilité. » (Séance du 6 avril 1790.)

A ces juges en matière criminelle, l'Assemblée constituante substitua le jury, c'est-à-dire des juges accidentels et temporaires, pris au hasard au milieu de la foule où ils rentrent après le jugement, des juges qui apprécieront de sentiment et d'instinct la moralité d'une action présentée comme coupable, des juges qui ne seront ni blasés ni endurcis par l'habitude, dont les impressions seront vives, franches, habituellement justes, conformes à la raison commune, à l'équité naturelle : s'ils doutent, ils n'affirmeront pas, et le doute entraînera l'acquittement : la société ne demande pas davantage. Un juge au contraire, quelque éclairé qu'on le suppose, sera sous l'influence de cet axiome des physiologistes : « *L'habitude émousse la sensibilité et perfectionne le jugement* » ; il aura acquis dans l'exercice de ses fonctions une grande sagacité pour apprécier les preuves, déjouer les mensonges et les faux-fuyants ; mais l'habitude de voir et de juger des criminels l'aura disposé à en voir avec trop de facilité : les excuses, les atténuations, les entraînements de l'âge ou de la passion le trouveront froid et insensible ; jugeant tout au point de vue du devoir et de la loi, il se défendra, comme d'une faiblesse, de tout mouvement de pitié, et notre loi, sage et humaine, basée sur ce principe favorable à l'accusé que *mieux vaut absoudre que condamner un innocent,* a trouvé dans l'institution du jury la garantie d'une justice accessible aux sentiments de pitié, d'humanité, de commisération : elle a voulu faire juger humainement les choses humaines.

Aussi a-t-elle survécu à toutes nos révolutions, et l'on peut dire qu'elle a passé des lois dans les mœurs. Même elle a acquis une supériorité marquée sur la loi anglaise, qui lui a servi de modèle. Le jury, soigneusement retranché dans le point de fait, laisse aux juges l'application de la loi ; et c'est pourquoi l'Assemblée constituante, si ferme dans l'institution du jury en matière criminelle, refusa d'en faire l'épreuve en matière civile, déterminée par cette observation de Tronchet, que toutes questions de droit civil sont nécessairement mélangées de fait et de droit.

En attendant l'organisation du jury et la confection des nouveaux Codes, la justice criminelle fut exercée en France d'après les bases posées dans le décret du 9 octobre 1789, par les anciens tribunaux d'abord, puis par les tribunaux de district que créa la loi du 16 août 1790 (décret du 12 octobre 1790), enfin par les tribunaux criminels qui furent créés, un par département (20 janvier 1791).

Bientôt les Codes annoncés furent promulgués.

Le Code de la police municipale et de la police correctionnelle (19 juillet 1791). Ici apparaissent les différents *mandats* qui peuvent être décernés contre les citoyens, et les garanties en faveur de leur liberté individuelle. Tous ceux qui, dans les villes et les campagnes, auront été arrêtés, seront conduits directement chez un juge de paix, lequel renverra par-devant le commissaire de police ou l'officier municipal chargé de l'administration de cette partie, lorsque l'affaire sera de la compétence de la police (titre Ier, art. 32). Tout juge de paix d'une ville, dans quelque quartier qu'il se trouve établi, sera compétent pour prononcer, soit le *mandat d'amener,* ou devant lui, ou devant un autre juge de paix, soit enfin le *mandat d'arrêt,* tant en matière de police correctionnelle qu'en matière criminelle (art. 33). Dans les cas où un prévenu surpris en flagrant délit serait amené devant le juge de paix conformément aux dispositions ci-dessus, le juge, après l'avoir interrogé, après avoir entendu les témoins, s'il y a lieu, dressé procès-verbal sommaire, le renverra en liberté, s'il le trouve innocent, le renverra à la police municipale, si l'affaire est de cette compétence; donnera le *mandat d'arrêt,* s'il est justement suspect d'un crime; enfin, s'il s'agit des délits ci-mentionnés au présent titre depuis l'art. 7 (délits de police correctionnelle), le fera retenir pour être jugé par le tribunal de la police correctionnelle, ou *l'admettra sous caution de se présenter*. La caution ne pourra être moindre de 3,000 livres ni excéder 20,000 livres (titre II, article 43) (1).

Le Code d'instruction criminelle (16 septembre 1791) contient des dispositions analogues : mandat d'amener, mandat d'arrêt, mise en liberté sous caution, lorsque le

(1) Cette fixation exorbitante ne reparaît pas dans le Code du 16 septembre 1791 ; et l'instruction du 29 septembre disait au contraire :

« La somme de cette caution ne peut être fixée d'une manière invariable ; elle doit être laissée à l'arbitrage de l'officier de police. Le « principe qui doit le diriger est qu'un tel cautionnement ne doit pas « être illusoire et de simple forme, ni tendre à soustraire les accusés à « la justice, mais au contraire, qu'il doit être d'une telle importance « pour n'être jamais donné que par des personnes bien convaincues que « le prévenu est incapable de rompre son engagement : car c'est un « contrat sacré que celui qui se forme par le cautionnement entre le « prévenu, qui évite ainsi le malheur de la détention, et les amis qui « lui donnent, en le cautionnant, la plus haute preuve de leur confiance « et de leur estime. »

délit est de nature à mériter une peine infamante ; pas de mandat d'arrêt, lorsqu'il ne motivera pas une peine afflictive ou infamante, telles sont les dispositions essentielles qui sont passées dans les lois postérieures, et qui nous gouvernent encore aujourd'hui. A ces garanties données alors à la liberté individuelle, la loi ajouta le jury d'accusation et le jury de jugement pour les délits emportant peine afflictive ou infamante (1). Le jury d'accusation a disparu lors de la réforme du Code pénal sous l'Empire; mais tout le reste a survécu : et nous pouvons faire remonter à l'Assemblée constituante tout l'ensemble de la législation qui a trait à la liberté individuelle.

La liberté individuelle devait-elle s'étendre jusqu'au droit d'émigration ? La question fut posée au mois de février 1791.

Au nom du Comité de constitution, Chapelier convint de la difficulté de faire une bonne loi sur la matière : cette loi, disait-il, blessera les principes; elle sera hors de la Constitution ; ce sera une véritable dictature. Merlin invoqua l'autorité de Rousseau, qui a dit dans le Contrat social : *Dans les moments de troubles, les émigrations peuvent être défendues.*

Mirabeau résuma son opinion en lisant une lettre qu'il avait adressée au roi de Prusse, et dans laquelle il invoquait la loi d'éternelle équité que la force des choses appelle, et qui ne coûterait pas au souverain la privation la plus légère ; car votre peuple, disait-il, ne pourrait aller chercher ailleurs un meilleur sort que celui qu'il dépend de vous de lui donner ; et, s'il pouvait être mieux ailleurs, vos prohibitions de sortie ne l'arrêteraient pas.

(1) La juridiction du jury était également assurée aux délits de la presse par la Constitution de 1791 : « Nul ne peut être jugé, soit par la « voie civile, soit par la voie criminelle, pour fait d'écrits imprimés ou « publics, sans qu'il ait été reconnu et déclaré par un jury : 1° s'il y « a délit dans l'écrit dénoncé ; 2° si la personne poursuivie est coupa- « ble. » (Chapitre V, article 18.)

Mirabeau eut la bonne fortune, assez rare alors, d'être appuyé par Cazalès. Combattu par le côté gauche, il prononça ces paroles célèbres : « La popularité dont j'ai eu l'honneur, comme un autre, n'est pas un faible roseau; c'est dans la terre que je veux enfoncer ses racines sur l'imperturbable base de la raison et de la liberté. Si vous faites une loi contre les émigrants, je jure de n'y obéir jamais. »

On vota, non pas l'ordre du jour, mais l'ajournement; et la question revenant à l'ordre du jour au mois de juillet 1791, l'Assemblée, après une discussion fort longue, pendant laquelle on rejeta deux projets successivement proposés, parce que ces projets ne se conciliaient ni avec le respect pour les propriétés, ni avec la liberté individuelle, se borne à décréter contre les émigrés qui ne rentreraient pas dans un mois une contribution triple de leur imposition de 1791.

L'Assemblée constituante ne vota donc contre l'émigration qu'une mesure fiscale, une compensation des pertes matérielles que l'*absentéisme* des émigrés causait au Trésor. C'est aux Assemblées qui vinrent plus tard qu'il faut attribuer les mesures de guerre qu'on employa contre des hommes que l'on considéra comme ennemis publics. En 1791, on ne fit pas céder aux circonstances les principes de la liberté individuelle, rangés parmi les droits garantis par la Constitution.

Mais la liberté individuelle, ainsi garantie contre les atteintes du pouvoir et contre les recherches de la justice, devait-elle rester exposée aux poursuites des particuliers? La contrainte par corps, ce débris de la servitude antique, devait-elle être maintenue?

La question ne fut pas posée à l'Assemblée constituante; et peut-être les représentants de la classe moyenne, en majorité à cette Assemblée, auraient-ils mal accueilli la proposition d'abolir une voie d'exécution qui leur fournissait une sûreté contre leurs débiteurs de mauvaise foi ou de mauvaise volonté.

L'Assemblée législative en fut saisie le 26 août 1792. Une députation de citoyens admise à la barre demanda que la contrainte par corps fût abolie. M. *Larivière* convertit cette pétition en motion : « La législature actuelle, dit-il, doit emporter la gloire d'avoir fait cette loi.» Et les comités de législation et de commerce furent chargés de faire un rapport sur cet objet. En effet, le 9 mars 1793, la Convention décréta que les prisonniers détenus pour dettes seraient élargis, que la contrainte par corps était abolie, et chargea son comité de législation de lui faire incessamment un rapport sur les exceptions. Une de ces exceptions fut admise le 30 mars suivant : elle concernait les comptables envers la République, les fournisseurs qui avaient reçu des avances du Trésor public et tous ses autres débiteurs directs.

Au surplus, la loi du 9 mars 1793 ne fut pas de longue durée. Le 24 ventôse an V, les Conseils, considérant qu'il importe de rendre aux obligations entre citoyens la sûreté et la solidité qui seules peuvent donner au commerce de la République la splendeur et la supériorité qu'il doit avoir, rapportèrent la loi du 9 mars 1793.

La contrainte par corps, en matière civile de commerce et en matière pénale, fut réglementée par la loi du 15 germinal an VI, par le Code Napoléon, par le Code pénal, par diverses lois postérieures, qui toutes ont reconnu que, si la contrainte par corps n'atteint pas toujours son but, si cette voie rigoureuse d'exécution est peu conforme à la douceur de nos mœurs, il est difficile de ne pas la maintenir comme *épreuve de solvabilité* (1), surtout en présence de tant de fortunes mobilières qui peuvent si facilement se soustraire à l'action des créanciers, et avec le

(1) Parole de M. Vivien.

double remède de la faillite pour les commerçants, de la cession de biens pour tous les citoyens.

La législation est donc revenue encore sur ce point aux principes de l'Assemblée constituante.

La liberté individuelle était encore menacée dans l'intérieur de la famille par les excès et les abus de la puissance paternelle, par l'indissolubilité du lien matrimonial.

La puissance paternelle s'exerçait sur la personne et sur les biens. Les plus grandes diversités se faisaient remarquer à cet égard dans notre ancien droit. Le pays de droit écrit suivait la législation romaine : la puissance paternelle durait toute la vie, et ne cessait que par un acte solennel de la volonté du père, par l'émancipation; le mariage n'y faisait rien. Le droit coutumier avait au contraire adopté la maxime de Loysel : *Droit de puissance paternelle n'a lieu;* ce qui ne voulait pas dire que le fils était affranchi de tout devoir envers son père, mais seulement que la puissance paternelle n'avait pas, sous les coutumes, les mêmes effets qu'en droit romain; elle cessait par d'autres causes : ici par le mariage, là par certains emplois, dignités ou offices, ailleurs par l'âge, quelquefois par une émancipation tacite, résultant de l'habitation séparée. Il fallait tracer une règle générale et uniforme, l'Assemblée n'y manqua pas.

Quant au droit de correction paternelle, il s'exerçait autrefois par les *lettres de cachet*. Ces lettres abolies, on demanda à l'Assemblée d'intervenir, et, le 7 février 1790, un député, M. Voidel, proposait que le président écrivît au procureur général de Nancy que, le fils coupable ayant été renfermé provisoirement sur un ordre du magistrat et d'après une pétition des parents, la liberté ne devait lui être rendue que sur le vœu et la demande expresse des mêmes parents. Mirabeau, qui n'était pas payé pour respecter les lettres de cachet émanées de la puissance paternelle, appuya l'avis de M. Lechapelier, qui avait invoqué la question préalable.

« Vous ne pouvez, dit-il, accueillir la demande qui vient « de vous être faite. La lettre de votre président au pro- « cureur général de Nancy serait une véritable lettre de « cachet, et dès lors un exemple dangereux pour les lé- « gislations suivantes. Il ne faut pas croire que l'auteur « de la sublime invention des lettres de cachet ait osé la « présenter dans sa hideuse naïveté. Non, Messieurs, on « allégua, en faveur de leur création, les malheurs des fa- « milles et les consolations qu'elles en recevraient. Les « lettres de cachet ne devaient, disait-on, être employées « que dans ce cas. On le promit, et les temps ont prouvé « combien on a été fidèle à cette promesse. Hâtons-nous, « Messieurs, d'établir un tribunal de famille ; prévenons « les crimes par la justice, et jamais par l'arbitraire ; ins- « tituons enfin des maisons de correction ; leur objet « lèvera toutes les craintes et tous les scrupules des véri- « tables amis de la liberté. »

L'Assemblée adopta la question préalable, et, lorsqu'elle institua le nouveau régime judiciaire de la France, elle créa ces tribunaux de famille qu'avait demandés Mirabeau. Le titre X de la loi du 16-24 août 1790 portait, art. 15, que si un père, ou une mère, ou un aïeul, ou un tuteur, a des sujets de mécontentement très-graves sur la conduite d'un enfant ou d'un pupille dont il ne puisse plus réprimer les écarts, il pourra porter sa plainte au tribunal domestique de la famille assemblée, au nombre de huit parents les plus proches ou de six au moins ; à défaut de parents, il y sera suppléé par des amis ou des voisins ; art. 16, que le tribunal de famille, après avoir vérifié les sujets de plainte, pourra arrêter que l'enfant, s'il est âgé de moins de vingt ans accomplis, sera enfermé pendant un temps qui ne pourra pas excéder une année ; art. 17, que l'arrêté de la famille ne pourra être exécuté qu'après avoir été présenté au président du tribunal de district, qui en ordonnera ou refusera l'exécution, ou en tempérera les dispositions, après avoir entendu le commissaire du roi, chargé de vérifier sans forme judiciaire les motifs qui ont déterminé la famille.

On trouve là le germe des articles 375 et suivants du Code Napoléon.

Quant aux autres effets de la puissance paternelle, ils furent déterminés d'une manière uniforme par le décret du 28 août 1792. La majorité, fixée à 21 ans sur un rapport de M. Muraire, les fit cesser. Le Code n'a encore eu sur ce point qu'à enregistrer les décisions de l'Assemblée législative.

Il en fut de même quant au divorce.

La question du divorce avait été, sous l'Assemblée constituante, l'objet d'une controverse longue et animée. Près de quarante ouvrages avaient été publiés en faveur du divorce, cinq ou six contre (1). Mais l'Assemblée ne s'était pas prononcée. A la séance du 17 août 1790, Chapelier, rapporteur d'une pétition des protestants d'Alsace, qui réclamaient le libre exercice de leur culte garanti par les traités, rappela qu'au nombre de leurs droits figurait celui de divorcer. Interrompu par les murmures du côté droit, il répéta à trois reprises : *le divorce, cette institution sage,* et obtint un décret qui confirmait les pétitionnaires dans tous les droits, libertés et avantages dont ils avaient la jouissance. La faculté de divorcer leur fut conservée comme une conséquence de leur religion, c'était dire qu'elle était refusée aux catholiques.

Mais la Constitution déclara (art. 7) que le mariage n'é-

(1) Les principaux écrits en faveur du divorce étaient ceux de M. Hennet, 1789, 146 pages; — Bouchotte, député du département de l'Aube, 1790, 190 pages; *Dernières observations*, par le même, 1791, 158 pages. — Les réfutations étaient celles des abbés Bancel et de Rastignac.

tait considéré que comme un contrat civil, et bientôt on vint réclamer à l'Assemblée législative les conséquences de cette déclaration.

Le 25 février 1792, plusieurs femmes des émigrés vinrent solliciter, au nom de leurs enfants et de la liberté, les moyens de faire exécuter la loi constitutionnelle qui déclare le mariage un simple contrat civil. Quelques membres de l'Assemblée soutiennent que la Constitution a permis le divorce, et ils demandent le renvoi de ces diverses pétitions au comité de législation. Ainsi, c'est sur la demande des femmes d'émigrés, dont plusieurs étaient dirigées sans doute par les motifs les plus pieux, que fut décrétée la loi qui brisait le lien du mariage.

Cette loi, du 20 septembre 1792, fut précédée d'une discussion rapide, le 30 août. Aubert Dubayet réclama, au nom des femmes, le droit de faire rompre une chaîne dont les maris savaient bien s'affranchir. « Il semble, dit-« il, que jusqu'à ce moment les femmes aient échappé à « l'attention des législateurs ; les verrons-nous plus long-« temps victimes du despotisme des pères et de la perfidie « des maris? Les verrons-nous sacrifiées à la vanité ou à « l'avarice? Non, Messieurs ; nous voulons que toutes les « unions reposent sur le bonheur, et nous parviendrons à « ce but en déclarant que le divorce est permis. (On ap-« plaudit à plusieurs reprises.) Je sais que des âmes timo-« rées se récrieront contre cette loi ; respectons leur « croyance, qu'elles restent dans les liens qu'elles croient « indissolubles ; pour nous, ne craignons pas de déplaire « par cet acte de sévérité à un Dieu qui nous créa tous « pour le bonheur. Loin de rompre ainsi les nœuds de « l'hyménée, vous les resserrez davantage : dès que le « divorce est permis, il sera très-rare. A Rome, il fut « quatre cents ans en vigueur avant qu'on en usât. On « supporte plus facilement ses peines quand on est maître « de les faire finir. Nous conserverons dans le mariage

« cette inquiétude heureuse qui rend les sentiments plus « vifs. Une jeune épouse maltraitée par celui qu'elle avait « choisi, sûre que ses liens seront rompus aussitôt qu'elle « aura déposé ses plaintes devant un juge, redoublera de « patience et fournira à son époux l'occasion d'un retour ; « mais si à l'injustice il joint la fréquence des procédés « odieux, par malheur trop communs, tout exige que de « pareils liens soient rompus... Il est temps que les maris « se courbent sous la justice universelle : en décrétant le « divorce, vous acquerrez un titre précieux à la recon- « naissance de la postérité. »

M. Muraire s'excusa, au nom du comité de législation, de n'avoir point annexé à la loi en discussion une disposition sur le divorce, l'objet de cette loi n'étant que de constater l'état civil. Nous pouvons cependant en ce moment, dit-il, déclarer un principe que réclament la morale, la politique et la déclaration des droits, et charger le comité de proposer le mode d'exécution.

Sur quoi l'Assemblée déclare que le mariage est un contrat dissoluble par le divorce.

La loi du 20 septembre 1792 admettait de nombreuses causes de divorce (1) : le consentement mutuel des époux ; la simple allégation d'incompatibilité d'humeur ou de ca-

(1) Moins cependant que ne l'avaient demandé les promoteurs de cette mesure ; M. Hennet en reconnaissait douze : 1° la mort civile ; 2° la condamnation à une peine infamante; 3° la prison de longue durée; 4° la capitivité dont on ne peut prévoir la fin; 5° l'expatriation forcée ou volontaire ou la disparition d'un des conjoints dont on n'a point de nouvelles; 6° l'infécondité d'un hymen pendant un temps déterminé, sans qu'on puisse en rechercher les causes; 7° une maladie incurable et qui mette obstacle à la génération; 8° la démence; 9° un crime quelconque; 10° l'adultère; 11° le désordre extrême; 12° l'incompatibilité de caractères.

A quoi Bouchotte ajoutait : 1° le consentement mutuel des parties; 2° la volonté d'une seule des parties, sans qu'elle fût contrainte de donner ses motifs, mais à la charge, en ce cas, d'être passible de condamnation pécuniaire.

ractère; la démence, la folie ou la fureur de l'un des époux; la condamnation de l'un d'eux à des peines afflictives ou infamantes ; les crimes, sévices ou injures graves de l'un envers l'autre ; le déréglement de mœurs notoire; l'abandon de la femme par le mari, ou du mari par la femme, pendant deux ans (1) au moins ; l'absence de l'un d'eux sans nouvelles, au moins pendant cinq ans; l'émigration.

On sait que le Code Napoléon, en maintenant le divorce, en a restreint notablement les causes ; qu'en supprimant l'incompatibilité d'humeur ou de caractère, il a laissé subsister, sur l'insistance du premier consul, le divorce par consentement mutuel; qu'il a réduit les causes déterminées de divorce aux excès, sévices et injures graves, aux condamnations à des peines infamantes, à l'adultère de la femme, à l'adultère, avec circonstances aggravantes, du mari. Dans ces termes, et malgré la suppression prononcée par la loi de 1816, les jurisconsultes ne sont pas encore d'accord sur la grande question du divorce : rétabli deux fois par les votes de la Chambre élective, il a été repoussé deux fois par la Chambre héréditaire depuis 1830.

« M. Troplong, qui, dit-il, dans son idéal d'une société « parfaite, voudrait qu'il n'y eût que des unions indisso- « lubles, et qui, à ce point de vue, considère la morale « catholique comme la plus philosophique, la plus équita- « ble, la plus favorable aux intérêts de la famille, convient « pourtant qu'il est quelquefois des cœurs durs, comme « disent les livres saints, auxquels il peut être nécessaire « de faire la concession du divorce (2). »

(1) Une loi du 4 floréal an II, ne trouvant pas assez de facilités pour le divorce, réduisit à six mois la durée de la séparation de fait exigée par la loi, et autorisa pour ce cas le divorce sans aucun délai d'épreuve. Cette loi fut suspendue le 13 thermidor an III.

(2) *De l'esprit démocratique dans le Code civil.*

Le sage Portalis l'avait admis comme une conséquence de la liberté des cultes.

Reconnaissons toutefois que nos assemblées révolutionnaires, si elles se sont montrées trop faciles à rompre le lien matrimonial, ont été guidées par un sentiment de protection envers les femmes, trop souvent victimes d'unions mal assorties ; qu'elles ont obéi aussi au respect qu'elles professaient pour les religions dissidentes dont les dogmes admettent le remède suprême du divorce ; qu'elles ont enfin consacré, même dans la famille, le principe de liberté qui était leur symbole, et qui, renfermé dans de sages limites, n'est pas incompatible avec l'autorité légitime du chef de la famille.

Après toutes ces libertés, l'Assemblée constituante en consacra une autre : la liberté de conscience.

« Je ne viens pas prêcher la tolérance, disait Mirabeau « le 22 août 1789. La liberté la plus illimitée de religion « est à mes yeux un droit si sacré, que le mot *tolérance*, « qui voudrait l'exprimer, me paraît en quelque sorte « tyrannique lui-même, puisque l'existence de l'autorité qui a le pouvoir de tolérer, attente à la liberté de « penser, par cela même qu'elle tolère, et qu'ainsi elle « pourrait ne pas tolérer. »

Et le principe de liberté prit place dans la déclaration des droits, en ces termes : « Nul ne peut être inquiété « pour ses opinions même religieuses, pourvu que leur « manifestation ne trouble pas l'ordre public établi par la « loi. La Constitution garantit, comme droits naturels et « civils, la liberté à tout homme d'exercer le culte religieux auquel il est attaché. »

Cette liberté a été consacrée par toutes nos Constitutions ; et le silence gardé par nos lois civiles à ce sujet est un hommage rendu à cette conquête de la révolution de 1789. La loi considère le citoyen indépendamment de son culte, et ne s'informe pas à quelle religion il appartient.

Une autre conquête restait à réaliser : la liberté du travail.

Les cahiers des bailliages en faisaient une condition du nouvel ordre de choses qu'il s'agissait de fonder.

Le commerce et l'industrie réclamaient la liberté (1). Le tiers-état voulait que tout citoyen, de quelque ordre et de quelque classe qu'il fût, pût exercer librement telle profession, art, métier et commerce qu'il jugerait à propos (2) ; que les métiers et jurandes, qui étouffent l'émulation et enchaînent les talents, fussent supprimés (3).

L'agriculture demandait à jouir librement du fruit de ses travaux. Elle voulait qu'aucun bail à ferme ne pût être résilié par les nouveaux acquéreurs (4) ; que les colombiers fussent fermés un mois avant les récoltes et un mois après les semences (5) ; que chacun pût détruire les animaux qui ravagent ses propriétés (6). Elle sollicitait une loi qui assurât aux cultivateurs le fruit de la terre, en faisant détruire la trop grande quantité de gibier que les seigneurs se plaisent à multiplier sur leurs terrres (7).

Ces doléances furent entendues : les barrières qui entravaient de toute part la liberté du commerce, de l'industrie, de l'agriculture, disparurent ensemble.

Dès le 3 avril 1790, le commerce de l'Inde, au-delà du cap de Bonne-Espérance, est déclaré libre pour tous les Français. Cette liberté est étendue au commerce du Sénégal le 18 janvier 1791, et au commerce du Levant et de Barbarie par décret du 21 juillet 1791.

L'Assemblée ayant supprimé tous les impôts de douane

(1) Noblesse : Angoumois.
(2) Tiers : Paris *extra-muros*.
(3) Tiers : Vannes, Rouen, Aix.
(4) Tiers : Paris.
(5) Tiers : Unanimité.
(6) Tiers : Unanimité.
(7) Tiers : Douai.

qui se percevaient dans l'intérieur du royaume, il restait à décider si les frontières elles-mêmes ne seraient pas affranchies des droits d'entrée et de sortie, et si l'on adopterait le système suivi dans presque toute l'Europe, qui défendait l'importation de certaines denrées étrangères. Plusieurs orateurs parlèrent pour la liberté indéfinie des importations ; ils s'appuyèrent particulièrement de l'autorité d'Adam Smith, et répétèrent tout ce que les écrivains les plus remarquables de cette école avaient avancé là-dessus. Mais l'Assemblée, sur le motif tiré de ce que la France, entourée de nations livrées au régime prohibitif, ne pourrait, en suivant un autre plan, soutenir son commerce et ses manufactures, adopta pour bases d'une loi, qu'elle chargea ses comités de lui présenter, la prohibition absolue de quelques-unes des productions étrangères, et la conversion des autres prohibitions existantes en un droit d'entrée qui n'excéderait pas 25 pour 100.

Le 26 août 1790, est aboli le privilège du transport des voyageurs : le bail des messageries est supprimé moyennant indemnité. Les mêmes principes sont appliqués au privilège exclusif des carrosses de place de la ville et faubourgs de Paris et des environs (décret du 19 novembre 1790).

Un seul privilège est reconnu en matière d'industrie : c'est celui des auteurs de découvertes ou d'inventions nouvelles. La loi leur en garantit la pleine et entière jouissance, suivant le mode et pour le temps à déterminer. Elle crée en leur faveur des titres ou patentes d'une durée de 5, 10, 15 années (décrets du 31 décembre 1790 et 14 mai 1791). C'est le germe de notre loi des brevets d'invention. On consulte encore aujourd'hui le rapport fait à l'Assemblée par M. de Boufflers.

Le privilège des théâtres est supprimé. Liberté à chacun d'en élever, moyennant déclaration à la municipalité des lieux, moyennant aussi la consécration du droit de propriété au profit des auteurs vivants d'ouvrages dramatiques, des héritiers ou cessionnaires pendant cinq années après la mort de l'auteur (décrets du 13 janvier et du 19 juillet 1791). C'est à la suite d'une députation des gens de lettres dont l'orateur était Laharpe, que fut prise cette double détermination, sur un rapport de Chapelier, où l'on retrouve, à côté des principes de liberté théâtrale qui condamnaient les prétentions des comédiens francais, les principes de propriété littéraire qui sont encore aujourd'hui en vigueur. «La plus sacrée, la plus légitime, la plus « inattaquable, et, si je puis parler ainsi, la plus personnelle de toutes les propriétés, est l'ouvrage, fruit de la « pensée d'un écrivain ; cependant c'est une propriété d'un « genre tout différent des autres propriétés. Quand un « auteur a livré son ouvrage au public, quand cet ouvrage « est dans les mains de tout le monde, que tous les hommes instruits le connaissent, qu'ils se sont emparés des « beautés qu'il contient, qu'ils en ont confié à leur mémoire les traits les plus heureux, il semble que dès ce « moment l'écrivain a associé le public à sa propriété, ou « plutôt la lui a transmise tout entière. Cependant, « comme il est extrêmement juste que les hommes qui « cultivent le domaine de la pensée tirent quelque fruit « de leur travail, il faut que, pendant toute leur vie et « quelques années après leur mort, personne ne puisse, « sans leur consentement, disposer du produit de leur « génie ; mais aussi, après le délai fixé, la propriété du « public commence, et tout le monde doit pouvoir imprimer, publier les ouvrages qui ont contribué à éclairer « l'esprit humain.

« Voilà ce qui s'opère en Angleterre pour les auteurs « et pour le public, par des actes que l'on nomme tutélaires ; ce qui se faisait autrefois en France par les privilèges que le roi accordait, et ce qui sera dorénavant fixé « par une loi, moyen beaucoup plus sage, et le seul qu'il

« convienne d'employer. Les auteurs dramatiques demandent à être les premiers l'objet de cette loi. Il nous « paraît que cette demande est fondée sur les maximes les « plus claires de la justice (1). »

Enfin une mesure générale vint inaugurer en France la liberté du travail et frapper de mort les jurandes, maîtrises et corporations qui en avaient fait l'objet de privilèges et de monopoles.

« Votre comité, disait le rapporteur, M. Dallarde, le « 15 février 1791, a cru qu'il fallait lier l'existence de cet « impôt (des patentes) à un grand bienfait pour l'industrie et pour le commerce, à la suppression des jurandes « et maîtrises que votre sagesse doit anéantir, par cela « seul qu'elles sont des privilèges exclusifs. La faculté de « travailler est un des premiers droits de l'homme. Ce « droit est sa propriété ; et c'est sans doute, suivant l'expression de ce ministre philosophe qui avait deviné « quelques-unes de vos pensées, c'est sans doute *la première propriété, la plus sacrée, la plus imprescriptible.* « Cependant on a vu, dans presque toutes les villes du « royaume, l'exercice des arts et métiers se concentrer « dans les mains d'un petit nombre de maîtres réunis en « communautés. Ces maîtres pouvaient seuls fabriquer « ou vendre les objets de commerce particuliers dont ils « avaient le privilège. La longueur de l'apprentissage, la « servitude du compagnonnage, les frais de réception « épuisaient une partie de la vie du citoyen laborieux et « des fonds dont il avait besoin pour monter son commerce : un repas de communauté absorbait les produits « d'une année. En voyant se combiner avec ces exactions « les franchises accordées aux fils de maîtres, l'exclusion « donnée aux étrangers, c'est-à-dire aux habitants d'une « autre ville, enfin la facilité avec laquelle ces corpora-

(1) *Hist. parl.*, VIII, 322.

« tions pouvaient se liguer pour hausser le prix des mar- « chandises et même des denrées, on parvint à croire que « tous leurs efforts tendaient à établir dans l'État une « caste exclusivement commerçante. C'était déjà un mal « pour tous : plus de choix, plus de concurrence parmi « les ouvriers, par conséquent moins de bénéfice pour « l'acheteur qui aurait gagné, soit la diminution du prix, « soit la perfection du travail (1). »

Le privilège des jurandes et maîtrises fut à peine défendu. Même un orateur, M. Begouen, s'étonnant de l'impôt des patentes, par lequel le travail allait payer son affranchissement, demandait si, au lieu d'exiger des patentes pour travailler, on ne devrait pas soumettre à en prendre ceux qui resteraient oisifs, ce qu'on appelait *vivre noblement*.

On décida donc, le 2 mars 1791, qu'il serait libre à toute personne de faire tel négoce ou d'exercer telle profession, art ou métier qu'elle trouverait bon, à la seule condition de se pourvoir auparavant d'une patente. On supprimait par le même décret les maîtrises et jurandes et les offices qui s'y rapportaient, moyennant indemnités à liquider.

Le commerce et l'industrie furent libres.

L'agriculture eut son tour, et l'énumération des libertés qu'on lui donna fait voir à quelles servitudes elle était auparavant soumise.

Par un premier décret du 20 mars 1791, la culture du tabac devient libre, ainsi que la fabrication et le débit de cette marchandise.

Le 5 juin suivant, diverses dispositions sont adoptées qui prirent plus tard leur place dans le Code rural du 28 septembre 1791.

Le territoire de la France, dans toute son étendue, est

(1) *Hist. parl.*, IX, 24.

libre comme les personnes qui l'habitent : ainsi, toute propriété territoriale ne peut être sujette envers les particuliers qu'aux redevances et aux charges dont la convention n'est pas défendue par la loi (ceci regarde les droits féodaux); et, envers la nation, qu'aux contributions publiques établies par le code législatif, et aux sacrifices que peut exiger le bien général, sous la condition d'une juste et préalable indemnité (1).

Les propriétaires sont libres de varier à leur gré la culture et l'exploitation de leurs terres, de conserver à leur gré leurs récoltes et de disposer de toutes les productions de leurs propriétés, dans l'intérieur du royaume et au dehors, sans préjudicier aux droits d'autrui et en se conformant aux lois (2).

La durée et les clauses des baux des biens de campagne seront purement conventionnelles. Limitation du droit de résiliation par un nouvel acquéreur (3).

Tout propriétaire est libre d'avoir chez lui telle quantité et espèce de troupeaux qu'il croit utiles à la culture et à l'exploitation de ses terres, et de les y faire pâturer exclusivement (4).

Réglementation du droit de parcours et de vaine pâture. Le droit de vaine pâture entre particuliers est toujours rachetable et n'empêche pas le droit de se clore (5).

Liberté à chacun de faire sa récolte comme et quand il lui conviendra, c'est-à-dire suppression des bans de récolte, de fauchaison, etc. Conservation seulement du ban de vendange là où il est en usage (6).

Déjà depuis longtemps, il avait été fait droit aux plain-

(1) Art. 1er du décret du 5 juin 1791 : *Code rural*, sect. 1re, art. 1er.
(2) Art. 2 du décret du 5 juin 1791 : *Code rural*, sect. 1re, art. 2.
(3) Art. 5 du décret du 5 juin 1791 : *Code rural*, sect. 2, art. 1er, 2, 3.
(4) *Code rural*, sect. 4, art. 1er.
(5) *Code rural*, sect. 4, art. 2 et suiv.
(6) *Code rural*, sect. 5, art. 1er.

tes des cultivateurs sur les abus du droit exclusif de chasse. Par les décrets rendus à la suite de la nuit célèbre du 4 août, le droit exclusif des fuies et colombiers avait été aboli, les pigeons considérés comme gibier, et chacun avait le droit de les tuer sur son terrain. Le droit exclusif de chasse et des garennes ouvertes était pareillement retiré aux seigneurs, et l'on reconnaissait à tout propriétaire le droit de détruire, sur ses possessions, toute espèce de gibier. La loi du 28-30 avril 1790 était venue consacrer ce droit et punir ceux qui le violeraient.

Le sol était donc libre, et chacun était assuré de recueillir le fruit de son travail. C'est dans le même ordre d'idées qu'il faut ranger diverses lois protectrices de l'agriculture, celle du 15 germinal an III sur les baux à cheptel, où l'on voit inscrite l'obligation pour les fermiers ou métayers de laisser en nature au propriétaire les ustensiles et harnais de labour et d'exploitation, ainsi que les semences, et ce, nonobstant toutes clauses contraires ; celle du 1er fructidor an III (1), contenant une disposition semblable pour les fourrages et fumiers ; enfin la loi du 6 messidor an III, qui prohibe les ventes de grains en vert.

Inutile de dire que toutes ces lois ont passé dans nos Codes.

Il en a été de même de toutes celles qui rendaient aux citoyens la liberté de disposer de leur propriété, de leurs capitaux, des fruits et produits de leur travail.

L'abolition des retraits féodal, lignager, et de mi-denier, faisait cesser une servitude onéreuse pour les biens ruraux.

La liberté du prêt à intérêt, décrétée le 30 octobre 1789, rendait hommage au principe de la liberté des transactions, au principe économique long-temps méconnu par le droit canonique.

(1) Confirmée, le 2 thermidor an VI, sous le gouvernement directorial.

Enfin la loi réputait non écrite dans les contrats et testaments ou donations toute clause impérative ou prohibitive qui porterait atteinte à la liberté religieuse du donataire, héritier ou légataire, qui gênerait la liberté qu'il a, soit de se marier avec telle personne, soit d'embrasser tel état, emploi ou profession, ou qui tendrait à le détourner de remplir les devoirs imposés et d'exercer les fonctions déférées par la Constitution (décret du 5 septembre 1791). C'était la sanction des libertés conquises, la défense d'y attenter par des volontés privées.

Il nous reste à parler de deux libertés toujours contestées et disputées : la liberté de réunion et d'association, et la liberté de la presse.

L'Assemblée constituante reconnut aux citoyens (décret du 13 novembre 1790) le droit de s'assembler paisiblement et de former des sociétés libres, mais à la charge d'observer les lois qui régissent tous les citoyens. Des obligations spéciales leur étaient imposées : les fondateurs de ces sociétés ou *clubs* (le mot est naturalisé pour la première fois dans nos lois) doivent, à peine de 200 livres d'amende et de 500 livres en cas de récidive, faire au greffe de la municipalité la déclaration des lieux et jours de leur réunion (art. 14 du décret du 19-22 juillet 1791 sur la police municipale et correctionnelle). Un autre décret du 30 septembre 1791 punit de la privation de leurs droits civiques et de l'inhabileté à toutes fonctions publiques ceux qui auraient présidé ou pris part aux actes d'une société, club ou association, qui se serait permis de mander quelques fonctionnaires publics ou de simples citoyens, ou d'apporter obstacle à l'exécution d'un acte de quelque autorité légale. Le même décret punissait aussi le fait d'avoir adressé des pétitions en nom collectif, des députations au nom de la société, et généralement tous actes où elle paraîtrait sous les formes de l'existence politique. C'est sur le rapport de Chapelier, et malgré l'opposition de Robespierre, que fut rendu ce décret. L'Assemblée constituante touchait à sa fin : c'était en quelque sorte son testament, qui ne fut pas plus respecté que d'autres testaments célèbres : les clubs prirent, sous les assemblées suivantes, un rôle politique qui amena leur suppression le 6 fructidor an III. Depuis, et malgré quelques tentatives avortées, le droit d'association ne fut plus reconnu, et vint finir dans l'art. 291 du Code pénal. L'Assemblée constituante avait eu le mérite de proclamer le droit, et de le circonscrire dans des limites qu'il n'aurait pas dû dépasser.

La liberté de la presse avait aussi été l'objet d'une déclaration solennelle au sein de l'Assemblée constituante.

Le 24 août 1789, on discutait la déclaration des droits. L'article soumis à la discussion était celui-ci : « La libre « communication des pensées étant un droit du citoyen, « elle ne doit être *restreinte* qu'autant qu'elle nuit au droit « d'autrui. »

Mirabeau prit la parole :

« On ne peut pas, dit-il, restreindre un droit : on peut « seulement réprimer l'abus de l'exercice d'un droit. Le « mot *réprimer* s'applique plutôt à l'abus fait de la liberté « de la presse qu'à cette liberté même : il conserve à cha- « cun le droit de communiquer ses pensées, et n'admet « l'intervention de la loi que pour punir le mauvais « usage qui pourrait en avoir été fait. Si donc, comme je « ne l'espère pas, la rédaction proposée est adoptée, je « demande que le mot *réprimée* soit substitué au mot « *restreinte.* »

C'était, comme on le voit, la distinction plus tard élevée entre les mots *réprimer* et *prévenir*. On fit droit à la proposition de Mirabeau; et, le 26 août 1789, l'art. 11 de la déclaration des droits fut adopté en ces termes :

« La libre communication des pensées et des opinions « est un des droits les plus précieux de l'homme : tout « citoyen peut donc parler, écrire, imprimer librement,

« sauf à répondre de l'abus de cette liberté dans les cas « déterminés par la loi. »

Et la Constitution de 1791 reproduisit cette énonciation :

« La Constitution garantit comme droits naturels et « civils la liberté à tout homme de parler, d'écrire, d'im-« primer et publier ses pensées, sans que ses écrits « puissent être soumis à aucune censure ni inspection « avant leur publication. »

On usa, on abusa de cette liberté nouvelle, et bientôt il fallut songer à la répression. Le 31 juillet 1790, l'Assemblée donne ordre au procureur du roi au Châtelet de Paris de poursuivre, comme criminels de lèse-nation, tous auteurs, imprimeurs et colporteurs d'écrits excitant le peuple à l'insurrection contre les lois, à l'effusion du sang et au renversement de la Constitution, ou qui inviteraient les princes étrangers à faire des invasions dans le royaume.

Ce décret était dirigé contre Marat, et, dans sa rédaction première, il contenait en outre l'incrimination d'un numéro du journal de Camille Desmoulins. Des membres voulurent y faire comprendre d'autres publications; mais, sur l'observation de M. Croy, qu'il fallait prendre garde, dans un moment d'enthousiasme, de détruire le *palladium* de la liberté, la *liberté de la presse*, on maintint simplement la rédaction première, qui ne contenait pas encore la phrase relative aux invitations aux princes étrangers : cette addition fut faite le 1er août, sur la proposition de Rabaud.

Dans la même séance du 1er août, on demanda pour les délits de la presse l'institution du jury : cette proposition n'eut pas de suite. Mais, dans la séance du 2 août, Pétion demanda un décret explicatif de celui du 31 juillet. L'Assemblée, disait-il, n'a point encore défini ni caractérisé les crimes de lèse-nation ; dès lors votre décret livre tous les écrits à l'arbitraire des juges, et compromet la liberté individuelle des citoyens. Il demandait que l'exécution du décret fût suspendue jusqu'après la présentation d'un projet de loi sur la procédure par jurés. Appuyée par Alexandre de Lameth et amendée par Camus, sa proposition fut adoptée en ces termes :

« L'Assemblée nationale décrète qu'il ne pourra être « intenté aucune action ni dirigé aucune poursuite pour « les écrits qui ont été publiés jusqu'à ce jour sur les « affaires publiques, à l'exception néanmoins d'une feuille « intitulée : *C'en est fait de nous* (c'était la feuille de « Marat), à l'égard de laquelle la dénonciation précédem« ment faite sera suivie ; et cependant l'Assemblée na« tionale, justement indignée de la licence à laquelle plu« sieurs écrivains se sont livrés dans ces derniers temps, « a chargé son comité de constitution et celui de jurispru« dence criminelle réunis, de lui présenter un mode « d'exécution de son décret du 31 juillet dernier. »

Le 3 août, un nouveau décret, insistant sur l'urgence, demanda à ses comités, pour la séance du samedi soir (7 août), un rapport sur les moyens d'exécuter le décret du 31 juillet concernant les délits qui peuvent être commis par la voie de l'impression.

Le 19 août, Regnault de Saint-Jean-d'Angely demande que les comités de constitution et de jurisprudence présentent incessamment le projet du décret que l'Assemblée leur a demandé sur la liberté de la presse. L'Assemblée décrète que ce projet de décret sera présenté dimanche prochain à midi.

Le 21 août, Chapelier annonce que les deux comités ont pensé qu'il était impossible de soumettre à la délibération une loi complète, non sur la liberté, mais sur les excès de la presse, avant d'avoir présenté la loi sur l'établissement des jurés. L'on ne pouvait prendre une autre marche sans exposer la liberté nationale et la liberté individuelle : les deux comités se sont occupés de cette loi qu'ils doivent offrir incessamment.

Des réclamations se produisent : on signale des écrits incendiaires qui échappent à toute répression. On produit un imprimé signé Marat, proposant d'élever huit cents potences et d'y pendre tous les traîtres, et à leur tête l'infâme Riquetti l'aîné. Sur quoi Riquetti aîné (ci-devant Mirabeau) demande si ce n'est pas une dérision tout à fait indigne de l'Assemblée que de lui dénoncer de pareilles démences.

Et l'Assemblée passe à l'ordre du jour.

Cependant l'organisation judiciaire, fondée sur le jury au criminel, fut discutée à la fin de 1790 et au commencement de 1791 (1); et le Code pénal de 1791 ne s'occupa des délits commis par la voie de la presse que pour les assimiler aux faits de complicité. On ne considérait comme faits punissables que les provocations au crime. La loi s'exprimait en effet ainsi :

« Lorsqu'un crime aura été commis, quiconque sera « convaincu d'avoir provoqué directement à le commettre, « soit par des discours prononcés dans des lieux publics, « soit par des placards ou bulletins affichés ou répandus « dans lesdits lieux, soit par des écrits rendus publics par « la voie de l'impression, sera puni de la même peine « prononcée par la loi contre les auteurs du crime (2). »

Cette complicité par provocation avait été dénoncée à l'Assemblée le 17 avril 1791 par le Directoire du département de Paris. L'orateur, M. Pastoret, s'exprimait ainsi :

« Hâtez la publication du Code pénal, afin de contenir « ces hommes audacieux qui, par des provocations pu- « bliques, excitent à la violence, soit contre les person- « nes, soit contre les propriétés, et qui prêchent avec un

(1) Le rapport de Duport sur l'établissement du jury est du 26 décembre 1790.

(2) 25 septembre 1791, Code pénal, titre 3, art. 2.

« enthousiasme factieux la désobéissance aux lois et la « révolte contre les autorités constitutionnelles. Ne croyez « pas que nous venons nous plaindre ici de la liberté illi- « mitée dans les discours et dans les écrits : cette liberté « est un feu sacré qui doit être conservé religieusement, « sa flamme salutaire doit épurer toutes les idées, toutes « les opinions, tous les sentiments; mais l'homme qui, « abusant de cette liberté, conseille le crime à ses conci- « toyens, celui-là doit être puni; et ce grand délit si « multiplié est une des causes les plus puissantes de nos « maux. »

La loi ne punissait que les provocations *directes,* et encore lorsque ces provocations avaient été *suivies d'effet.* D'autre part la complicité ainsi définie entraînait des pénalités trop rigoureuses, souvent la peine de mort. Car cette peine avait été maintenue après une discussion solennelle, où Robespierre avait demandé l'abolition. On pouvait donc craindre ou une répression exagérée ou une impunité complète. Aussi les lois révolutionnaires ultérieures (20 mars 1793) distinguèrent entre la provocation suivie d'effet et celle qui n'aurait pas ce caractère : la peine de mort pour la provocation au meurtre et à la violation des propriétés ; six ans de fers pour la provocation non suivie d'effet. Du même jour, peine de mort contre ceux qui seront convaincus d'avoir composé ou imprimé des ouvrages ou écrits qui provoquent la dissolution de la représentation nationale, le rétablissement de la royauté ou de tout autre pouvoir attentatoire à la souveraineté du peuple. Les vendeurs, distributeurs et colporteurs de ces ouvrages ou écrits seront condamnés à une détention qui ne pourra excéder trois mois s'ils déclarent les auteurs, imprimeurs, etc.; et, s'ils refusent cette déclaration, ils seront punis de deux années de fers.

Cette législation draconienne, appendice de la création du tribunal révolutionnaire, avait été provoquée le 11 mars par un discours de Robespierre : « Il faut, disait-il, que ce « tribunal punisse tous les écrits (*Murmures*). Il est « étrange qu'on murmure, lorsque je propose de réprimer « un système d'écrits publics dirigés contre la liberté, qui « attaquent les principes de la souveraineté et de l'égalité, « notamment ceux qui ont été soudoyés par le gouverne- « ment lui-même pour apitoyer le peuple sur le sort du « tyran, pour réveiller le fanatisme de la royauté, pour « dénoncer à l'opinion ceux qui ont voté la mort du tyran, « pour diriger les poignards contre les défenseurs de la « liberté, pour allumer la guerre civile... »

Le gouvernement directorial eut aussi ses lois sur la liberté de la presse.

Celle du 27 germinal an IV déclarait coupables de crime contre la sûreté intérieure de l'État et punissait de la peine de mort tous ceux qui, par leurs discours ou par leurs écrits imprimés, soit distribués, soit affichés, auraient provoqué (toujours le crime de provocation) la dissolution de la représentation nationale ou celle du Directoire exécutif, ou le meurtre de tous ou aucuns des membres qui les composent, ou le rétablissement de la royauté, ou celui de la Constitution de 1793, ou celui de la Constitution de 1791, ou de tout autre que celui établi par la Constitution de l'an III acceptée par le peuple français, ou l'invasion des propriétés publiques, ou le pillage ou le partage des propriétés particulières, sous le nom de *loi agraire* ou de toute autre manière. La peine de mort serait commuée en celle de la déportation, en cas d'admission par le jury de circonstances atténuantes.

Le lendemain, 28 germinal an IV, loi sur les journaux, gazettes ou autres feuilles périodiques, avis distribués, affiches imprimées ou placardées. Ces feuilles doivent porter le nom des auteurs et de l'imprimeur, à peine de deux mois d'emprisonnement pour la première fois, et de deux années en cas de récidive. Application aux auteurs, distributeurs, imprimeurs, etc., des dispositions de la loi du 27 germinal (peine de mort ou déportation). Dans le cas où l'auteur ne serait point indiqué par les imprimeurs, vendeurs, distributeurs, colporteurs, afficheurs, etc., la peine était de deux années de fers, et, en cas de récidive, la déportation; en cas de circonstances atténuantes, d'une détention qui ne pourrait être moindre de six mois.

Malgré les menaces que contenait cette législation, le Directoire se défendit par des coups d'État, et le lendemain du 18 fructidor an V, les journaux, les autres feuilles périodiques et les presses qui les imprimaient furent mis pendant un an sous l'inspection de la police, avec autorisation de les prohiber. Cette loi de circonstance fut prorogée pour un an le 9 fructidor an VI, et rapportée seulement le 14 thermidor an VII, c'est-à-dire à la veille du 18 brumaire. La presse tomba dès lors sous le coup des arrêtés consulaires, puis des décrets impériaux, qui, conservés sous la première Restauration, furent remplacés par la loi du 17 mai 1819, premier essai sérieux de cette liberté tout à la fois si difficile à maintenir et à contenir; manifestation de ce principe fondamental qui écarte toute mesure préventive et n'admet que la répression.

Voilà donc quels furent, en matière de liberté, les principes de 1789, principes que nous prenons spécialement dans les lois de l'Assemblée constituante, laissant de côté les excès et les erreurs des assemblées qui suivirent, et qu'il est juste de considérer comme le résultat de luttes violentes, comme des armes de guerre, plutôt que comme des institutions législatives.

La France doit à la Constituante :

La liberté civile, l'abolition des derniers vestiges de la servitude, s'arrêtant seulement devant l'esclavage aux colonies; l'abolition des vœux monastiques perpétuels.

La liberté individuelle, la suppression des lettres de

cachet, et, comme garantie, un système nouveau de législation criminelle fondé sur l'institution du jury, les mandats d'amener, les mandats d'arrêt et la mise en liberté sous caution.

La liberté de locomotion, même d'expatriation, reconnue aux émigrés qui n'étaient pas encore des ennemis publics.

La liberté dans la famille, établie par la limitation de la puissance paternelle; le divorce discuté, mais non établi.

La liberté de conscience, le respect de tous les cultes.

La liberté du travail, de l'industrie, de l'agriculture; la reconnaissance du droit de propriété littéraire et industrielle, la suppression des jurandes et maîtrises, l'affranchissement de l'agriculture de toutes les entraves féodales et seigneuriales, le droit de chasse considéré comme une dépendance du droit de propriété.

La liberté des contrats et notamment du prêt à intérêt : l'annulation dans les conventions de toutes clauses contraires à la liberté.

Le droit de réunion et d'association.

La liberté de la presse soumise aux lois qui doivent en réprimer les abus et les excès.

Tels furent les principes et les actes de l'Assemblée constituante, ce qu'on a appelé depuis les principes de 1789.

Les Codes modernes ont trouvé ces principes établis, ils n'ont pas eu à les consacrer de nouveau, ils les ont respectés; aucun pouvoir ne les a répudiés ouvertement, tous les gouvernements qui se sont succédé en France ont annoncé l'intention de les appliquer. C'est aujourd'hui notre droit public, et nous en jouissons, comme de l'air que nous respirons, sans trop savoir gré peut-être à ceux qui les ont conquis au prix de tant de combats et de sacrifices. Tel est notre bilan de liberté.

II

« Lorsque l'Assemblée constituante se mit à l'œuvre, « les institutions aristocratiques de la féodalité, quoique « fortement ébranlées, étaient encore debout. La haine « populaire, qui toujours s'attacha au régime féodal, « réclamait hautement un retour à l'égalité.

« Quiconque n'était ni ecclésiastique ni noble était « atteint par des redevances fiscales, qui n'étaient autre « chose que la servitude personnelle d'autrefois, tarifées « en argent et non moins odieuses, sous cette transfor- « mation, que le servage lui-même. Et non-seulement les « hommes étaient inégaux sous le rapport de l'impôt ; ils « l'étaient encore au point de vue des rapports civils, des « droits de famille et de propriété, et des peines. Bien « plus, aux inégalités politiques et civiles on ajoutait les « inégalités religieuses : la raison d'État avait introduit « l'inégalité jusque dans les choses de Dieu, alors que « Dieu proclame que tous les hommes sont égaux devant « lui (1). »

« La Révolution supprima d'une manière radicale la « souveraineté féodale, qui vivait encore à côté de la sou- « veraineté publique, et qui, formant comme un État « dans l'État, avait ses sujets à elle parmi les sujets de « la nation. Les distinctions entre les nobles et les rotu- « riers, entre les seigneurs et les vassaux, furent abolies ; « il n'y eut plus en France que des citoyens libres, égaux, « tous sujets au même titre du pouvoir central : égalité « de rangs, égalité de droits, égalité dans les croyances, « égalité dans les peines, tel fut le dogme nouveau qui « prit possession de la société régénérée. C'est le dogme

(1) M. Troplong, *De l'esprit démocratique dans le Code civil.*

« démocratique dans une expression aussi juste qu'éten-
« due (1). »

L'égalité fut donc le second terme du symbole révolutionnaire, le second des principes de 1789. Et cette conquête fut définitive. Si parfois les bienfaits de la liberté ont été niés, si la liberté a été souvent suspendue, étouffée, amoindrie, l'égalité du moins a toujours survécu à nos crises politiques et sociales; et personne n'oserait proposer de ressusciter les inégalités des anciens jours.

Ce fut en effet une prise de possession de cette conquête, lorsque le maire de Paris donnait au premier prince du sang le baptême de l'égalité. « Monsieur, disait Bailly, « s'est montré le premier citoyen du royaume, en votant « pour le tiers-état dans la seconde Assemblée des nota- « bles. Il est le premier auteur de l'*égalité civile* : il en « donne un nouvel exemple aujourd'hui en venant se « mêler parmi les représentants de la Commune, où il « semble ne vouloir être apprécié que par ses sentiments « patriotiques. »

Le principe fut voté un des premiers par l'Assemblée constituante. On ne se divisa pas sur le fond; on chercha seulement à bien le définir. La *déclaration des droits* proposée par Mirabeau s'exprimait ainsi :

« L'égalité civile n'est pas l'égalité des propriétés ou « des distinctions : elle consiste en ce que tous les « citoyens sont obligés de se soumettre à la loi, et ont « un droit égal à la protection de la loi. Ainsi tous les « citoyens sont également admissibles à tous les emplois « civils, ecclésiastiques, militaires, selon la mesure de « leur talent et de leur capacité. »

Définition qu'il faut rapprocher de celle donnée plus tard par Vergniaud, alors qu'on pouvait craindre l'abus du principe sage consacré par les lois :

(1) M. Troplong, *De l'esprit démocratique dans le Code civil.*

« Un tyran de l'antiquité avait un lit de fer sur lequel il « faisait étendre ses victimes, mutilant celles qui étaient « plus grandes que le lit, disloquant douloureusement « celles qui l'étaient moins, pour leur faire atteindre le « niveau. Ce tyran aimait l'égalité ; et voilà celle des scé- « lérats qui se déchirent par leurs fureurs. L'égalité pour « l'homme social n'est que celle des droits. Elle n'est pas « plus celle des fortunes que celle des tailles, celle « des forces, de l'esprit, de l'activité, de l'industrie et du « travail. »

Donc, l'Assemblée constituante crut avoir fait assez en écrivant dans sa déclaration des droits :

1. *Les hommes naissent et demeurent libres et égaux en droits. Les distinctions sociales ne peuvent être fondées que sur l'utilité commune.*

6. *La loi doit être la même pour tous, soit qu'elle protège, soit qu'elle punisse. Tous les citoyens, étant égaux à ses yeux, sont également admissibles à toutes les dignités, places et emplois publics, selon leur capacité, et sans autre distinction que celle de leurs vertus et de leurs talents.*

Aucune loi, aucune constitution n'a jamais démenti cette grande proclamation de l'égalité. Tous l'ont confirmée. Napoléon disait, à Sainte-Hélène : « Mon gouverne- « ment était populaire en France, parce qu'aucun « gouvernement n'a été plus conforme au principe de « l'égalité. »

Il faut suivre les travaux de l'Assemblée constituante dans les divers aspects que lui présentait cette immense question.

ÉGALITÉ DU TERRITOIRE.

Formée de diverses provinces successivement réunies, la France subissait une diversité d'usages, de coutumes, de privilèges, qui rendaient impossible toute unité de législation et d'administration. Pour vaincre l'esprit provincial si tenace, si obstiné, il fallait offrir à chacun des avantages supérieurs à ses privilèges locaux. Forte de ses intentions, soutenue par l'enthousiasme universel qui accueillait ses premiers travaux, l'Assemblée constituante accepta les sacrifices de la nuit du 4 août, et décréta ce qui suit :

« Une Constitution nationale et la liberté publique étant « plus avantageuses aux provinces que les privilèges dont « quelques-unes jouissaient, et dont le sacrifice est néces- « saire à l'union intime de toutes les parties de l'Empire, « il est déclaré que tous les privilèges particuliers des « provinces, principautés, pays, cantons, villes et com- « munautés d'habitants, soit pécuniaires, soit de toute « autre nature, sont abolis sans retour, et demeureront « confondus dans le droit commun de tous les Français. »

Après avoir fait ainsi table rase et *égalisé* toutes les portions du sol national, il fallait aviser à une division nouvelle qui, tout en respectant d'anciennes habitudes, brisât les individualités provinciales et ne leur permît pas de se reconstituer. Aucune fraction du sol ne devait pouvoir former un État dans l'État et rompre l'unité nationale ; on ne voulait plus avoir des Provençaux, des Bretons, des Alsaciens, mais des Français.

On remania donc la carte de la France. On ne voulut conserver ni la division par diocèses, sous le rapport ecclésiastique, ni par gouvernements, sous le rapport militaire, ni par généralités, sous le rapport administratif, ni par bailliages, sous le rapport judiciaire ; on divisa la France en départements, c'est-à-dire en fractions assez grandes pour se prêter aux besoins de l'administration, assez petites pour n'être pas tentées de vivre d'une vie propre et indépendante. L'unité nationale devait résulter de l'homogénéité et de la faiblesse des parties.

Ce travail fut fait sans précipitation, avec tous les ménagements possibles.

Il se trouva bien dans l'Assemblée des esprits purement géométriques, qui proposèrent de partager la France en 80 carrés de 18 lieues sur 18, en partant de Paris comme centre et en s'éloignant de toutes parts jusqu'aux frontières; de diviser chacun de ces départements en neuf districts de 36 lieues carrées, ou de 6 lieues sur 6 ; et chacun de ces 720 carrés secondaires en 9 fractions ou cantons, de 4 lieues carrées ou 2 lieues sur 2. Mais le Comité de constitution qui, par l'organe de Thouret, proposait ce plan, ne voulait que des divisions approximatives, respectant autant que possible les anciennes limites et la facilité des communications.

Mirabeau combattit le plan du Comité, et y substitua des idées plus pratiques.

Il voulait une division matérielle et de fait, propre aux localités, aux circonstances, et non point une division mathématique, presque idéale, d'une exécution impraticable.

La forme de division proposée lui paraissait vicieuse; en s'étendant de Paris aux frontières, et en formant des divisions à peu près égales en étendue, il arriverait souvent, disait-il, qu'un département serait formé des démembrements de plusieurs provinces, et cet inconvénient est des plus graves. Sans doute, on ne couperait ni les maisons ni les clochers ; mais on diviserait ce qui est encore plus inséparable ; on trancherait tous les liens que resserrent depuis si longtemps les mœurs, les habitudes, les coutumes, les productions et le langage. Dans ce démembrement universel, chacun croirait perdre une partie de son existence ; et, s'il faut en juger par les rapports qui nous viennent des provinces, l'opinion publique n'a point encore assez préparé ce grand changement pour oser le tenter avec succès.

Il proposait donc de distribuer les provinces en départements : de faire faire ce travail par les députés de chaque province ; en sorte qu'il serait facile à des personnes qui connaissent la population, les impositions, les ressources et la position géographique de leur pays, de se prêter à toutes les convenances, à toutes les localités, et d'offrir des divisions partout utiles et partout désirées.

Le plan de Mirabeau fut accepté, ainsi que le mode par lui indiqué pour le réaliser. Les députés des diverses localités firent eux-mêmes la division de leurs provinces en départements et en districts (1). La France forma 83 départements. Chaque département fut divisé en districts, qui ne furent pas en nombre égal et invariable, mais qui varièrent de 3 à 9 suivant les localités. La division par cantons fut également décrétée, selon les convenances et les besoins (décret du 26 février 1790).

Grâce aux précautions prises, les résistances furent peu nombreuses.

Il y eut bien quelques provinces (le Cambrésis notamment) qui réclamèrent le maintien de leurs capitulations et de leurs privilèges. La Bretagne en faisait volontiers le sacrifice ; elle acceptait la formation sur son territoire de cinq ou sept départements ; elle aurait voulu seulement les faire ressortir à une administration supérieure et principale dont l'Assemblée réglerait l'organisation.

Mais il n'y eut pas d'opposition véritable. L'unité de la France fut conquise et organisée. Le nombre des départements démesurément étendu de Rome à Hambourg par les conquêtes du premier empire, fatalement réduit en 1815 à la suite de nos désastres, récemment accru par de pacifiques annexions, est maintenant fixé au chiffre fatidique de 89.

(1) Décret du 9 janvier 1790.

ÉGALITÉ DES CLASSES.

Les deux ordres privilégiés arrivaient aux États-Généraux avec des prétentions qui heurtaient le sentiment de l'égalité : ils n'étaient même pas d'accord entre eux sur la conservation de leurs privilèges.

Ainsi, tandis que le clergé insistait sur l'admission du tiers-état à toutes les charges et emplois de robe et d'épée qui étaient réservés à la seule noblesse (1), et se joignait ainsi aux réclamations unanimes du Tiers, ce même clergé déclarait entendre conserver, comme un précieux dépôt qui lui a été transmis par quatorze siècles de possession non interrompue, les immunités, rangs, séances, ordre et prééminence, qui n'ont jamais reçu la moindre altération et qui ont été formellement reconnus par une Déclaration de Henri III de 1580 (2) : laisser entamer ses droits constitutionnels, ce serait, disait-il, se rendre coupable aux yeux de la religion et de la postérité.

De son côté, la noblesse, assez peu soucieuse de la conservation des privilèges du clergé, se montrait intraitable sur les siens.

« Que le roi soit supplié, disait-elle, de vouloir bien « maintenir la noblesse dans le droit exclusif de porter « l'épée comme la marque distinctive qui lui appartient; « l'épée étant l'emblème du courage et des vertus, un « gentilhomme ne peut manquer ni à l'un ni à l'autre, « sans se rendre indigne de l'être (3). »

« Toutes les places de sous-lieutenant seront nommées « par le roi sur la présentation des États Provinciaux : « elles demeureront réservées aux nobles, aux anoblis,

(1) *Hist. parl.*, I, 327.
(2) Clergé, Provins et Montereau, p. 32.
(3) Noblesse, Bar-sur-Seine, p. 6.

« aux enfants des chevaliers de Saint-Louis et des officiers « morts au service; cette réserve est nécessaire, parce « que, d'après l'esprit national, la profession des armes « est essentiellement l'apanage de la noblesse (1). »

Les gentilshommes de 1789 étaient bien les descendants de cette noblesse qui, aux États-Généraux de 1614, lorsque l'orateur du Tiers avait dit que, la France étant notre commune mère, les ordres étaient frères, le droit d'aînesse étant acquis aux deux premiers ordres, avait répondu *dignement et judicieusement* (dit le procès-verbal) par la voix du président de la noblesse : « que les paroles « dudit sieur Savaron n'avaient pu, si ce n'est donner du « regret, de quoi il s'était dispensé des respectueux de- « voirs dus par son ordre à celui de la noblesse, non « comme étant les cadets, cette qualité présupposant « même sang et même vertu, mais comme relevant et de- « vant tenir à grande vanité et bonne fortune d'être sou- « mis, après Dieu et le roi, à l'honneur que leur apporte « celui qu'ils doivent à ladite noblesse. »

Et le même président de la noblesse portait plainte au roi « de ce que des hommagers et justiciables des deux « premiers ordres, des bourgeois, marchands, artisans et « quelques officiers, les avaient tellement rabaissés que « de se prétendre avec eux dans la plus étroite société qui « soit parmi les hommes, qui est la fraternité. »

Évidemment, la noblesse n'avait rien oublié ni rien appris.

Le tiers état, qui avait peu oublié, mais beaucoup appris, répondit bientôt à ces prétentions.

Louis XVI, dans sa déclaration du 23 juin 1789, avait proposé une sorte de transaction :

« Art. 14. L'intention de Sa Majesté est de déterminer, « d'après l'avis des États-Généraux, quels seront les em-

(1) Noblesse, Ponthieu, p. 27.

« plois et les charges qui conserveront à l'avenir le privi-
« lège de donner et transmettre la noblesse. Sa Majesté
« néanmoins, selon le droit inhérent à sa couronne, ac-
« cordera des lettres de noblesse à ceux de ses sujets qui,
« par des services rendus au roi et à l'État, se seraient
« montrés dignes de cette récompense. »

Les États-Généraux, devenus Assemblée nationale, commencèrent par décréter (28 février 1790, sur la constitution de l'armée) : que les législateurs ni le pouvoir exécutif ne pourraient porter aucune atteinte au droit appartenant à chaque citoyen d'être admissible à tous emplois et grades militaires. Ce n'était que l'application du principe plus général posé dans les décrets de la nuit du 4 août 1789 : que tous les citoyens, sans distinction de naissance, pourraient être admis à tous les emplois et dignités ecclésiastiques, civils et militaires, et que nulle profession utile n'emporterait dérogeance.

Ainsi privée de son privilège le plus important, dépouillée déjà, par l'abolition du régime féodal, des droits qu'elle regardait comme une propriété, la noblesse n'avait plus que des titres honorifiques, des appellations rappelant un ordre de choses aboli, des noms qui pouvaient encore flatter la vanité, s'ils ne donnaient pas de droits utiles. Il fallut encore qu'elle en fît le sacrifice.

A l'occasion d'une discussion incidente sur les statues et les emblèmes consacrés à Louis XIV, la proposition de supprimer les qualités de comte, baron, marquis, etc., faite par un obscur député, fut appuyée par Charles de Lameth, par la Fayette, par M. de Noailles, par M. de Montmorency. Lepelletier de Saint-Fargeau demanda que chaque citoyen ne portât que le nom de sa famille, et non celui d'une terre. Aux objections de l'abbé Maury on répondit : que les titres dont on demandait l'abolition blessaient l'égalité qui forme la base de la Constitution ; qu'ils dérivaient du régime féodal que l'on avait anéanti ;

qu'ils ne sauraient donc subsister sans inconséquence. On ajouta que la noblesse héréditaire choquait la raison et la véritable liberté ; qu'il n'est point d'égalité politique, point d'émulation pour la vertu, là où des citoyens ont une autre dignité que celle qui est attachée aux fonctions qui leur sont confiées, une autre gloire que celle qu'ils doivent à leurs actions.

Et l'Assemblée adopta, le 19 juin 1790, la rédaction suivante, proposée par Chapelier :

1. « La noblesse héréditaire est pour toujours abolie ; en conséquence, les titres de prince, de duc, comte, marquis, vicomte, vidame, baron, chevalier, messire, écuyer, noble, et tous autres titres semblables, ne seront ni pris par qui que ce soit, ni donnés à personne.

2. « Aucun citoyen ne pourra prendre que le vrai nom de sa famille ; personne ne pourra porter ni faire porter des livrées ni avoir d'armoiries ; l'encens ne sera brûlé dans les temples que pour honorer la Divinité, et ne sera offert à qui que ce soit.

3. « Les titres de monseigneur et de messeigneurs ne seront donnés ni à aucun corps ni à aucun individu, ainsi que les titres d'excellence, d'altesse, d'éminence, de grandeur. »

C'est en vertu de ce décret, pris à la lettre, que les papiers officiels de l'époque, retranchant aux anciens nobles les noms de terre, devenus depuis longtemps des noms de famille, se mirent à désigner la Fayette et Mirabeau sous les noms ridicules de Motier et de Riquetti aîné : plaisanterie commencée par certains journalistes, et qui avait, comme le dit Mirabeau, désorienté l'Europe.

Bientôt, le 30 juillet 1791, un décret supprime tout ordre de chevalerie ou autre, toute corporation, toute décoration, tout signe extérieur qui suppose des distinctions de naissance. Mais, en même temps, l'Assemblée, devançant peut-être l'institution si populaire de la Légion d'honneur, se réserve de statuer s'il y aura *une décoration nationale unique* qui pourra être accordée aux services rendus à l'État ; et néanmoins, en attendant qu'elle ait statué sur cet objet, elle autorise les militaires à continuer de porter et de recevoir la décoration militaire actuellement existante.

Ces dispositions prirent place, en ces termes, dans la Constitution :

« Il n'y a plus ni noblesse ni pairie, ni distinctions hé-
« réditaires, ni distinction d'ordres, ni régime féodal, ni
« justices patrimoniales, ni aucun des titres, dénomina-
« tions et prérogatives qui en dérivaient, ni aucun ordre
« de chevalerie, ni aucune des corporations ou décora-
« tions pour lesquelles on exigeait des preuves de no-
« blesse ou qui supposaient des distinctions de nais-
« sance, ni aucune autre supériorité que celle des
« fonctionnaires publics dans l'exercice de leurs fonc-
« tions. »

La croix de Saint-Louis ne fut supprimée, comme décoration militaire, que le 15 octobre 1792.

Le Code Napoléon trouva la noblesse abolie, et on ne songea pas alors à la rétablir. Les décrets impériaux qui créèrent une noblesse nouvelle, la charte de 1814 qui reconnut cette noblesse et rétablit la noblesse ancienne, n'accordèrent aux nobles que des titres, des dénominations honorifiques, mais aucuns droits qui rompissent à leur égard l'égalité devant la loi. Les majorats, joints à quelques-uns de ces titres, n'eurent qu'une existence éphémère.

En abolissant la noblesse, l'Assemblée constituante n'avait pas songé à prononcer des peines contre les usurpateurs des titres abolis : « Il doit être défendu, disait
« Charles de Lameth, de prendre dans les actes le titre de
« noble. Quant à ceux qui dans le langage ou dans leurs

« lettres affecteraient de conserver encore ces distinctions « puériles, l'opinion les punira. »

C'était aussi ce que l'on pensait, quand on abolit l'article 259 du Code pénal. Il a été rétabli depuis, sans qu'on s'aperçoive que le nombre des usurpateurs de titres de noblesse ait beaucoup diminué.

ÉGALITÉ DES SEXES.

Il ne faut pas croire que ce soit chose nouvelle que les prétentions à l'égalité complète élevées au nom des femmes : les écoles qui, de nos jours, ont soutenu cette thèse, n'ont rien dit qui n'ait été dit, en 1789, par Condorcet.

Condorcet réclamait pour les femmes le droit de cité, le droit politique. Il citait Élisabeth d'Angleterre, Marie-Thérèse, les deux Catherine de Russie, pour prouver que ce n'était ni la force d'âme, ni le courage d'esprit qui manquait aux femmes. Il se demandait si les petitesses des femmes avaient fait plus de tort à certains règnes que les petitesses des hommes ; si les amants de quelques impératrices avaient exercé une influence plus dangereuse que celle des maîtresses de Louis XIV, de Louis XV et même de Henri IV. Il opposait mistriss Macaulay à Pitt et à Burke, la fille adoptive de Montaigne à tel député aux États-Généraux de 1614, au conseiller Courtin qui croyait aux sorciers et aux vertus occultes ; la princesse des Ursins à Chamillart, la marquise du Châtelet à M. Rouillé, madame de Lambert au garde des sceaux d'Armenonville ; et il concluait en disant qu'en jetant les yeux sur la liste de ceux qui les ont gouvernés, les hommes n'ont pas le droit d'être si fiers.

En admettant dans les hommes une supériorité d'esprit qui ne soit pas la suite nécessaire de la différence d'éducation; en admettant qu'aucune femme n'a fait de découverte importante dans les sciences, n'a donné de preuve de génie dans les arts ou dans les lettres, qu'aucune femme n'a la même étendue de connaissances, la même force de raison que certains hommes, on ne prétendra pas, disait Condorcet, n'accorder le droit de cité qu'aux hommes de génie; et, excepté une classe peu nombreuse d'hommes très-éclairés, l'égalité est entière entre les femmes et le reste des hommes. Pourquoi donc les exclure du droit de cité, lorsqu'on y admet toute la partie du peuple qui, vouée à des travaux sans relâche, ne peut acquérir des lumières ni exercer sa raison?

Condorcet invoquait enfin ce qui s'était exercé sans inconvénients lors de la formation des États-Généraux de 1789 : « Dans les Assemblées électives des bailliages, on avait accordé au droit de fief ce qu'on refusait au droit de nature, et plusieurs de nos députés nobles, disait-il, doivent à des dames l'honneur de siéger parmi les représentants de la nation. Pourquoi, au lieu d'ôter ce droit aux dames propriétaires de fiefs, ne pas l'étendre à toutes celles qui ont des propriétés, qui sont chefs de maisons? »

La réclamation de Condorcet ne fut pas appuyée par les révolutionnaires. L'auteur des *Révolutions de Paris* en donnait pour raison le rôle que les femmes avaient joué en France, l'usage déplorable qu'elles avaient fait de leur empire : il leur attribuait la dépravation de mœurs qui avait rendu nécessaire une révolution : passant en revue les courtisanes, les favorites, les maîtresses des prédécesseurs de Louis XVI, qui avaient donné le ton à la bourgeoisie riche, empressée de calquer les vices de la cour, il montrait la frivolité s'emparant de tous les esprits, la corruption gagnant tous les cœurs; il refusait donc aux femmes un rôle actif dans le nouveau régime qui mettait fin à leur règne; il les repoussait comme aristocrates.

A cette raison de fait et de circonstance, on ajoutait une raison de droit. L'homme a le droit de cité, la femme a le droit de famille : il y a là diversité plutôt qu'inégalité de droits. Ces fonctions différentes, dont l'une consiste à conserver, par la participation à l'exercice de la souveraineté nationale, les droits de propriété, de sûreté, d'égalité, dont l'autre administre l'intérieur domestique pour y faire régner l'ordre, la propreté, l'aisance et la paix, ces deux fonctions sont respectives et incommunicables.

Donc, on refusa aux femmes l'égalité politique, mais on leur accorda l'égalité civile.

Condorcet avait fait remarquer que, sous le régime du privilège résultant des maîtrises et corporations, une femme ne pouvait être marchande de modes à Paris (il lui fallait un mari ou un prête-nom). La liberté du commerce et de l'industrie, que décréta l'Assemblée constituante, ne fit pas de distinction entre les sexes; la femme put, comme l'homme, se livrer à toute espèce d'industrie et de commerce. De ce côté, du moins, la loi de l'égalité fut établie.

Sous d'autres aspects, l'égalité civile n'existait pas ; elle fut créée.

Le droit romain, qui gouvernait une partie de la France, soumettait les femmes et les filles à une tutelle perpétuelle : les lois nouvelles sur la puissance paternelle les affranchirent. Parvenue à la majorité, la fille ou la veuve jouit de tous les droits civils, est entièrement l'égale de l'homme.

Les femmes, par le droit coutumier, étaient traitées avec une grande défaveur, exclues presque partout de la succession aux biens nobles, victimes des droits d'aînesse et de masculinité. Une loi du 15 mars 1790, relative aux biens nobles, en tirant la conséquence rigoureuse de la destruction des privilèges, de la féodalité et de la nobilité des biens, décida « que les droits d'aînesse et de masculinité, à l'égard des fiefs, domaines et alleux nobles, et « les partages inégaux à raison de la qualité des personnes étaient abolis : qu'en conséquence, toutes les « successions, tant directes que collatérales, tant mobilières qu'immobilières, qui écherraient à l'avenir, seraient, sans égard à l'ancienne qualité noble des biens « et des personnes, partagées entre les héritiers, suivant « les lois, statuts et coutumes qui règlent les partages « entre les citoyens. »

Cette loi, qui se bornait à supprimer toute distinction entre les biens et les personnes nobles et les biens et personnes non nobles, laissait subsister les différences de coutumes, quant aux biens et aux personnes. Cette différence fut abolie par le décret du 8 avril 1791, qui portait, art. 1er :

« Toute inégalité ci-devant résultant entre héritiers « *ab intestat* des qualités d'aîné ou de puîné, de la distinction des sexes ou des exclusions coutumières, soit « en ligne directe, soit en ligne collatérale, est abolie. « Tous héritiers en égal degré succéderont par portions « égales aux biens qui leur sont déférés par la loi : le « partage se fera de même par portions égales dans « chaque souche, dans le cas où la représentation est « admise. »

L'égalité des sexes était donc proclamée. On n'y dérogea que quand il fallut régler les conditions de l'association conjugale.

Mais faut-il s'en étonner ?

Nous verrons que Cambacérès, qui, dans ses premiers projets de Code civil, avait cédé à un entraînement d'extrême égalité, en proposant l'égale administration par les deux époux, était revenu, dans son troisième projet, au principe universellement reconnu, de la subordination de la femme au mari. L'Assemblée constituante, qui nous fournit la véritable expression des principes de 1789, n'a rien eu à désavouer des bases sur lesquelles elle avait fondé l'union conjugale. Ces bases sont encore celles adoptées par le Code : « Voulez-vous, a dit M. Troplong, « que la femme soit l'égale absolue du mari? Vous aurez « l'anarchie, et, de plus, la chute des mœurs domestiques. « La femme est subordonnée à l'autorité maritale. Mais « cette autorité n'est pas tyrannique; c'est une autorité « de protection, établie dans l'intérêt de la famille et de « la femme elle-même; c'est aussi un pouvoir conserva- « teur des biens de l'épouse, un contre-poids à des aliéna- « tions irréfléchies, une sauvegarde pour ce patrimoine « précieux qui doit être la dernière ressource du ménage « et des enfants. Mais, en retour de cette soumission de « la femme, voyez que de privilèges lui sont accordés « pour la préserver des abus de l'autorité maritale : hy- « pothèque légale portant sur l'universalité des biens du « mari; droit exorbitant et inouï de répudier la commu- « nauté, ou, en d'autres termes, d'en profiter quand elle « est bonne, de s'en décharger quand elle est désastreuse; « droit non moins considérable de n'être tenue des dettes « que jusqu'à concurrence de l'émolument; droit de con- « trecarrer le pouvoir exécutif du mari et de s'opposer à « ses dissipations, en demandant la séparation de biens. « On voit que la femme n'est pas livrée, dans ce système, « à un despote qui ne compte pas avec elle : le mari a au- « près de lui une compagne et non une sujette, un con- « seil dont l'opinion doit avoir son poids, une associée qui « a ses droits et avec laquelle il doit combiner ses réso- « lutions. C'est ce système que le Code civil a adopté : « par là il réalise le vœu d'Aristote, qui, dans sa *Politique*, « disait très-bien que l'autorité du mari sur la femme est « une autorité républicaine, tandis qu'elle est royale sur « les enfants et les esclaves. Le mari, en effet, com- « mande à un être libre, intelligent, co-intéressé avec

« lui, partageant avec lui les épreuves de la vie, et uni « dans un sort égal par la volonté, l'affection et le dé- « vouement. »

ÉGALITÉ ENTRE FRANÇAIS ET ÉTRANGERS.

Les lois anciennes établissaient de nombreuses barrières entre les nationaux et les étrangers. La Révolution les a abaissées dans une mesure juste et raisonnable.

Par un décret du 6 août 1790, l'Assemblée nationale considère que le droit d'aubaine est contraire aux principes de fraternité qui doivent lier tous les hommes, quels que soient leur pays et leur gouvernement; que ce droit, établi dans des temps barbares, doit être proscrit chez un peuple qui a fondé sa constitution sur les *droits de l'homme et du citoyen*, et que la France libre doit ouvrir son sein à tous les peuples de la terre, en les invitant à jouir, sous un gouvernement libre, des droits sacrés et inaliénables de l'humanité.

Ce décret est étendu, le 13 avril 1791, à toutes les possessions françaises, même dans les Deux-Indes.

Et, développant ce principe, la Constitution le consacre dans le Titre où elle établit les rapports de la nation française avec les nations étrangères.

« La nation française renonce à entreprendre aucune « guerre dans la vue de faire des conquêtes, et n'em- « ploiera jamais sa force contre la liberté d'aucun « peuple.

« La Constitution n'admet point le droit d'aubaine.

« Les étrangers, établis ou non en France, succèdent à « leurs parents étrangers ou français.

« Ils peuvent contracter, acquérir et recevoir des biens « situés en France, et en disposer de même que tout ci-

« toyen français, par tous les moyens autorisés par les « lois.

« Les étrangers qui se trouvent en France sont soumis « aux mêmes lois criminelles et de police que les ci- « toyens français, sauf les conventions arrêtées avec les « puissances étrangères ; leurs personnes, leurs biens, « leur industrie, leur culte, sont également protégés par « la loi. »

Le Code civil ne crut pas pouvoir consacrer les principes généraux et libéraux de l'Assemblée constituante : il conserva le droit d'aubaine, et subordonna à la règle de réciprocité les droits des étrangers en France. Mais la loi du 14 juillet 1819 reconnut qu'il y avait en même temps dignité et avantage à ne pas attendre la détermination de législations étrangères pour abolir un droit injuste et impolitique : elle revint, en abolissant le droit d'aubaine, à la tradition de 1789.

Rappelons encore à la France, avec les auteurs de l'*Encyclopédie nouvelle* (1), avec le juste sentiment d'orgueil que doivent éprouver ses enfants, en la voyant toujours à la tête de toutes les grandes mesures d'humanité et de haute police, que c'est de son sein que sortit, en 1791, la première proposition régulière faite aux monarchies d'Europe, pour effacer réciproquement du droit des gens le principe de l'armement en course. Déjà, en 1673, lors de la guerre des Pays-Bas, Louis XIV, sur ordonnance de Colbert, avait établi qu'il serait délivré des passe-ports à tous les navires ennemis qui voudraient commercer avec la France.

Lors de la guerre avec l'Angleterre, au XVIIIe siècle, la France avait donné ordre à ses escadres d'offrir partout respect et assistance à l'expédition des découvertes du capitaine Cook. Le 9 février 1791, autorisée par ces géné-

(1) *Encycl. nouv.*, art. *Corsaires.*

reux précédents, elle fit appel à toutes les marines étrangères pour aider les navigateurs français dans les recherches des deux frégates la *Boussole* et l'*Astrolabe* commandées par M. de la Pérouse, offrant d'indemniser et même de récompenser quiconque leur porterait secours.

Tels étaient les sentiments et les dispositions de l'Assemblée nationale envers les étrangers.

Elle les manifesta encore, lorsque, dans son acte constitutionnel, elle posa les conditions nécessaires pour acquérir la qualité de citoyen français :

« Sont citoyens français :

« Ceux qui sont nés en France d'un père français;

« Ceux qui, nés en France d'un père étranger, ont fixé « leur résidence dans le royaume;

« Ceux qui, nés en pays étranger d'un père français, « sont venus s'établir en France et ont prêté le serment « civique;

« Enfin ceux qui, nés en pays étranger, et descendant « à quelque degré que ce soit d'un Français ou d'une « Française expatriés pour cause de religion, viennent « demeurer en France, et prêtent le serment civique;

« Ceux qui, nés hors du royaume de parents étrangers, « résident en France, deviennent citoyens français, après « cinq ans de domicile continu dans le royaume, s'ils y « ont, en outre, acquis des immeubles, ou épousé une « Française, ou formé un établissement d'agriculture ou « de commerce, et s'ils ont prêté le serment civique. »

Peut-être est-il permis de regretter que ces dispositions libérales n'aient pas été toutes admises dans notre Code civil. Ce ne fut pas la faute du premier Consul, qui, bien décidé à porter si haut l'honneur du nom français, insista vivement pour que ce nom fût facilement accessible aux étrangers qui accepteraient les avantages d'une union intime avec la grande nation, et ne pourraient dès lors en répudier les charges, comme il arrive trop souvent aujourd'hui.

ÉGALITÉ DES CULTES.

La liberté de conscience conduisait à l'égalité des cultes.

Le clergé, cependant, avait demandé, lors de la convocation des États-Généraux, que les députés fussent chargés d'insister sur la conservation de la loi qui enjoignait aux protestants de faire baptiser leurs enfants dans les églises paroissiales : c'était, disait le clergé de Rouen, une loi toujours observée dans le royaume (1). Déjà cependant, par un édit du mois de septembre 1787, Louis XVI avait autorisé les non-catholiques à contracter mariage devant un officier de la justice civile. Le clergé ne s'élevait pas, disait-il, contre ce dernier et récent édit, mais il insistait avec force sur la prohibition des mariages mixtes : il demandait aussi que personne ne fût admis à enseigner les premiers éléments sans faire profession de la religion catholique. Plusieurs bailliages allèrent plus loin, et protestèrent même contre l'édit de 1787 (2). Mais en revanche la noblesse et le tiers-état furent unanimes, non-seulement pour appuyer la mesure prise en 1787, sur le conseil de Malesherbes, mais même pour demander l'admissibilité des protestants à tous les emplois publics, le rappel des enfants de ceux qui avaient fui à l'étranger pour échapper à la persécution, et leur réintégration dans les biens qui avaient appartenu à leurs pères. Une assemblée du clergé, celle d'Évreux, s'honora par un vote non moins libéral : « Le retour des protestants, disait-elle, et les « effets civils accordés à leurs mariages sont des objets

(1) C'était, en effet, la disposition de la Déclaration du 14 mai 1724.

(2) Ces bailliages furent ceux de Colmar et Schelestadt, Dijon, Metz, Paris (vicomté), Paris (ville), Provins et Montereau.

« trop graves pour qu'ils ne soient pas soumis à l'examen « de la nation assemblée. Comme on peut se flatter « qu'une abondance de lumières a heureusement disposé « les esprits à l'union et à la concorde, nous ne pensons « pas qu'on doive refuser à nos frères errants le rang « qu'ils réclament dans la société au nom de la nature : « beaucoup d'entre eux le méritent par leurs vertus mo- « rales et civiles; et cet acte de justice ne peut servir « qu'à les ramener, avec le temps, dans le scin de l'Église. »

L'Assemblée constituante ne pouvait faillir à ces vœux. Par un article constitutionnel, qui devint l'art. 7 de la Constitution de 1791, elle décida que les registres de l'état civil seraient tenus par les officiers municipaux. Cette mesure, approuvée par les esprits les plus sages et les plus religieux, a passé dans nos Codes. « Dans une société « livrée à des croyances opposées, dit M. Troplong, la loi « ne peut s'appuyer sur l'une d'elles, au préjudice des « autres, sans rompre l'équilibre salutaire qui seul pré- « vient le fléau des discordes religieuses. Le législateur, « esclave de la liberté de conscience, paie sa dette à toutes « les religions, qu'il est appelé à couvrir d'nne égale pro- « tection, en restant fidèle dans ses actes aux préceptes « de pure et divine morale qui sont leur lien commun, et « vers lequel elles convergent toutes, malgré la variété « des formes et l'inégalité de leurs progrès. »

C'est le témoignage que rend aussi Portalis, dans le discours préliminaire du Code civil : « Un des grands « bienfaits du nouveau Code est encore d'avoir fait cesser « toutes les différences civiles entre les hommes qui pro- « fessent des cultes différents. Les opinions religieuses « sont libres. La loi ne doit point forcer les consciences : « elle doit se diriger d'après ce grand principe, qu'il faut « souffrir ce que Dieu souffre. Ainsi, elle ne doit connaître « que des citoyens, comme la nature ne connaît que des « hommes. »

Aussi, lorsqu'un membre de l'Assemblée (dom Gerle) proposa à l'Assemblée constituante de décréter que la religion catholique, apostolique et romaine serait à jamais la religion de l'État et la seule reconnue, la discussion appela Mirabeau à la tribune, et lui inspira sa foudroyante apostrophe sur la Saint-Barthélemy; et M. de la Rochefoucauld fit adopter la déclaration suivante : « L'Assemblée nationale, considérant qu'elle n'a ni ne peut avoir « aucun pouvoir à exercer sur les consciences et les opinions religieuses ; que la majesté de la religion et le « respect profond qui lui est dû ne permettent pas qu'elle « devienne l'objet d'une délibération ; — Considérant que « l'attachement de l'Assemblée nationale au culte catholique, apostolique et romain ne saurait être mis en « doute, dans le moment même où ce culte seul va être « mis par elle à la première classe des dépenses publiques, et où, par un mouvement unanime, elle a prouvé « son respect, de la seule manière qui pouvait convenir « au caractère de l'Assemblée nationale ; — Décrète « qu'elle ne peut délibérer sur la motion proposée. »

C'était en effet un singulier anachronisme de proposer une religion d'État à l'Assemblée qui faisait disparaître successivement toutes les différences établies par les lois antérieures entre les citoyens à raison de leur religion. Si, comme le remarquait M. de la Rochefoucauld, les ministres du culte catholiqne étaient seuls payés par le Trésor, si leur traitement était déclaré, par la Constitution, faire partie de la dette nationale, en vertu de la promesse qui avait accompagné la mise des biens du clergé à la disposition de la nation, on avait vu tomber une à une toutes les incapacités que les ordonnances de Louis XIV et de Louis XV avaient infligées aux non-catholiques et, en particulier, aux protestants.

Dès le 24 décembre 1789, l'Assemblée nationale, sans entendre rien préjuger relativement aux juifs, sur l'état desquels elle se réservait de prononcer, décrétait que les non-catholiques, qui auraient d'ailleurs rempli toutes les conditions pour être électeurs et éligibles, pourraient être élus dans tous les degrés d'administration, sans exception ; et que les non-catholiques seraient capables de tous les emplois civils et militaires comme les autres citoyens. — Pareille déclaration était faite, pour l'élection aux places de juges, par le décret du 2 septembre 1790, qui dispensait de la condition d'exercice pendant cinq ans (condition indispensable pour eux) les non-catholiques ci-devant membres des municipalités, les docteurs et licenciés ès lois de la religion protestante. Enfin, à la reconnaissance des droits de citoyens français, que la Constitution accordait aux descendants des religionnaires fugitifs, on ajoutait la restitution de leurs biens qui existaient encore aux mains de la régie des domaines : première réparation accordée à cette première classe d'émigrés (1).

Un dernier décret, du 26 septembre 1791, déclara aussi que la décoration militaire et les lettres en vertu desquelles un militaire serait autorisé à la porter, seraient les mêmes pour tous les officiers, quelle que fût leur religion.

Mais une réserve avait été faite quant aux juifs. Comme à toutes les races dégradées par une longue persécution, on leur opposait cet état même ; et, lors de la discussion du 23 décembre 1789, à la proposition libérale de M. de Clermont-Tonnerre on avait objecté qu'ils formaient, non-seulement une secte, mais une nation particulière ; qu'ils ne voudraient pas sans doute des emplois civils et militaires qu'on mettait à leur disposition ; qu'il fallait avoir égard à la haine que le peuple leur portait. En vain Mirabeau soutint-il avec tout le côté gauche que, quand les juifs

(1) Décret du 10 juillet 1790. — Décret du 15 décembre suivant.

seraient assez avilis pour ne pas vouloir rentrer dans le droit inaliénable et imprescriptible de la nature humaine, il faudrait le leur accorder, pour les tirer de la dégradation dans laquelle ils étaient plongés. La question fut ajournée.

Mais elle ne pouvait l'être longtemps. Un premier pas vers l'égalité fut fait par le décret du 28 janvier 1790, qui déclara que tous les juifs connus en France sous le nom de *juifs portugais*, *espagnols* et *avignonnais*, continueraient d'y jouir des droits dont ils avaient joui jusqu'alors, et qui leur avaient été accordés par lettres patentes. En conséquence ils furent admis à jouir des droits de citoyen actif, lorsqu'ils réuniraient d'ailleurs les conditions requises par les décrets de l'Assemblée.

Puis, passant aux juifs de l'Est, en vue desquels avaient été faites les réserves antérieures, on déchargea ceux de Metz et du pays Messin d'une redevance annuelle de 20,000 livres, levée sur eux sous la dénomination de *droit d'habitation, protection et tolérance*. Les redevances de même nature, qui se levaient partout ailleurs sur les juifs, étaient pareillement abolies et supprimées, sans indemnité (décret du 20 juillet 1790).

Enfin, le 27 septembre 1791, l'Assemblée constituante, à la veille de se séparer, révoqua tous ajournements, réserves et exceptions, insérés dans les précédents décrets, relativement aux individus juifs qui prêteraient le serment civique, lequel serait regardé comme une renonciation à tous les privilèges et exceptions introduits précédemment en leur faveur.

Tous les Français étaient donc, quelle que fût leur religion, soumis à la loi de l'égalité.

Sans doute cette égalité fut violemment troublée par les faits révolutionnaires ; mais, malgré des excès déplorables, la loi continua du moins de protester en faveur de la liberté et de l'égalité des cultes. Les saturnales de Gobel et de ses adhérents ne furent que le crime de quelques membres de la Commune, qui le payèrent de leur tête, et contre lequel il fut permis à Grégoire de protester. La Constitution de l'an III posa en principe (art. 354) que nul ne peut être empêché d'exercer le culte qu'il a choisi ; que nul ne peut être forcé de contribuer aux dépenses d'un culte ; que la République n'en salarie aucun.

Et la loi du 3 ventôse an III, sur l'exercice des cultes, sanctionne ces dispositions de l'acte constitutionnel.

Depuis, à l'égalité négative consacrée par la Convention, une autre égalité a été substituée. Au lieu de ne salarier aucun culte, la France a consenti, par degrés, à salarier les cultes principaux. Mais toujours l'égalité civile a été maintenue entre les différents sectateurs de toutes les religions. La loi, non pas athée, mais laïque, n'a pas demandé à chacun ce qu'il croyait : selon l'expression de Portalis, elle ne connaît que des citoyens, comme la nature ne connaît que des hommes.

ÉGALITÉ DES PROPRIÉTÉS.

L'égalité, qui n'existait pas pour les personnes, n'existait pas davantage pour les propriétés.

« Partout, dit M. Troplong, des prestations seigneuriales, triste et vexatoire impôt levé sur le patrimoine de « l'homme, sur sa dignité personnelle et sur sa liberté, « appauvrissaient le peuple des campagnes, en lui rappelant les chaînes du servage qui avaient pesé sur son « berceau. Les corvées prenaient, au profit du privilège, « la part du travail libre. Les banalités exigeaient que la « mouture, le pain et la boisson du pauvre reçussent leur « préparation à prix d'argent dans les usines du seigneur. « La taille seigneuriale pesait de son poids ignominieux « sur les chefs et les personnes, le fouage sur la masure

« et le feu. Mille formes diverses avaient été données aux « privilèges des seigneurs et aux devoirs des vassaux. »

Non, mihi si linguæ centum sint oraque centum,
Ferrea vox.......,
Omnia pœnarum percurrere nomina possim.

(VIRG. *Æneid.* VI.)

Chose étrange, et qui peint bien l'aveuglement de la classe privilégiée, tous ces droits étaient défendus au nom du principe de la propriété.

« On les maintiendra (les seigneurs) dans la jouissance « pleine et entière de toutes les perceptions et droits uti- « les, fixes ou casuels, autorisés soit par les coutumes, « soit par des titres authentiques, soit par une possession « légale ; en conséquence, on proscrira toute demande « tendant à les faire dépouiller desdits droits, même à en « faire le rachat sans leur consentement ; ce qui est « d'autant plus nécessaire que ces droits sont le prix « de l'inféodation ou de l'accensement des fonds qui y « sont soumis, et qu'ils dérivent d'un contrat synallag- « matique (1). »

Tel était le langage de la noblesse.

« La noblesse, disait-elle encore, considérant que toute « propriété est inviolable, déclare ne jamais consentir à « l'extinction des droits qui jusqu'ici ont caractérisé « l'ordre noble, et qu'elle tient de ses ancêtres. Croyant « avoir satisfait au vœu de la noblesse du royaume, de « contribuer à supporter avec égalité le fardeau des char- « ges publiques, à l'exception seulement de la milice et « du logement des gens de guerre, elle prescrit à ses « députés de s'opposer à tout ce qui pourrait porter at- « teinte aux propriétés utiles et honorifiques de ses terres,

(1) Noblesse, Lille, p. 21.

« et entend qu'ils ne puissent se prêter à aucune modifi-
« cation ou remboursement de quelque nature que ce « puisse être, lesquels ne pourront jamais s'effectuer « que de son aveu et de son consentement libre et in- « dividuel (1). »

« Le droit de posséder des fiefs étant essentiellement « réservé à la noblesse, la taxe de franc-fief, à laquelle « est assujetti le non-noble qui en possède, sera conser- « vée, pour marquer la différence des deux ordres (2). »

Quelques bailliages sentaient néanmoins la nécessité de faire des sacrifices, mais avec quelles restrictions !

« La noblesse, déterminée par les malheurs du temps « au sacrifice qu'elle fait de ses droits, se réserve d'y ren- « trer, quand l'administration sage et économique que « les États-Généraux peuvent établir, aura guéri les plaies « de l'État (3). »

« La noblesse, lit-on encore dans ses cahiers, renonce à « ses droits féodaux, moyennant une indemnité préalable. « Le rachat devra être fait au plus haut prix et payable en « dix ans ; elle se réserve seulement la propriété exclusive « du droit de chasse. »

Dans ses protestations, la noblesse fut seule et isolée. Le clergé ne lui vint pas en aide. Au contraire, il proposait la suppression des droits féodaux, des droits de chasse, des banalités, des corvées, des droits de péage et de prévôté, anciens restes, dit-il, du régime féodal, entraves de la liberté.

Elle trouva plus d'appui dans la royauté. La Déclaration du 23 juin 1789, promettant l'abolition du droit de franc-fief, mais seulement pour le moment où les revenus et les dépenses fixes de l'État auraient été mis dans une juste balance, portait, art. 12 :

(1) Noblesse, Montargis, p. 7.
(2) Noblesse, Évreux, p. 32.
(3) Noblesse, Gien, p. 12.

« Toutes les propriétés, sans exception, seront cons-
« tamment respectées ; et Sa Majesté comprend expressé-
« ment sous le nom de *propriété* les dîmes, cens, rentes,
« droits et devoirs féodaux et seigneuriaux, et générale-
« ment tous les droits et prérogatives utiles ou honorifi-
« ques attachés aux terres et aux fiefs, ou appartenant aux
« personnes. »

La nuit du 4 août vint emporter toutes ces prétentions. Les privilégiés eux-mêmes en firent, plus ou moins volontairement, le sacrifice : les uns, déterminés par les plus nobles sentiments ; d'autres, cédant à la voix de la nécessité ; quelques-uns, éclairés, comme on le disait, par l'incendie de leurs chartriers et de leurs châteaux. Tous consentirent à ces célèbres décrets du 4 août et à ceux qui en déduisirent les conséquences.

Constatons toutefois que l'enthousiasme patriotique n'entraîna pas l'Assemblée au-delà des bornes de la justice.

Elle fit deux classes des droits féodaux : les uns, qui tenaient à la main-morte réelle ou personnelle et à la servitude personnelle, furent abolis sans indemnité. Tous les autres furent simplement déclarés rachetables. On déclara également rachetables toutes les rentes foncières perpétuelles (décret du 4 août 1789).

Et cette distinction ne fut pas stérile. Un décret du 15 mars 1790 en contient le développement (1). Les

(1) Les droits supprimés sans indemnité sont nombreux :

Les droits dérivant de la main-morte, personnelle, réelle ou mixte; les droits de taille personnelle, de corvées personnelles, d'échute, de vide-main; le droit prohibitif des aliénations et dispositions à titre de vente, donation entre vifs ou testamentaire; les droits et charges représentatifs de servitudes personnelles; — les droits de meilleur cattel ou morte-main, de taille à volonté ou d'indice aux quatre cas, de cas impériaux ou d'aide seigneuriale; — les droits qui, sous la dénomination de feu, cheminée, feux allumants, feu mort, fouage, monéage, bourgeoisie, congé, chiennage, gîte aux chiens ou autres quelconques, art. 9, 10, 11, 15, 17, 24 et 27 de ce décret énumèrent les droits simplement rachetables, et admettent, comme titres de ces droits, deux reconnaissances conformes, soutenues

sont perçus par les seigneurs sur les personnes, sur les bestiaux, ou à cause de la résidence, sans qu'il soit justifié qu'ils sont dus, soit par les fonds invariablement, soit pour raison de concession d'usages ou autres objets; — les droits de guet et de garde, de chassipolence, ensemble les droits qui ont pour objet l'entretien des clôtures et fortifications des bourgs et des châteaux, ainsi que les rentes ou redevances qui en sont représentatives, quoique affectées sur les fonds, s'il n'est pas prouvé que ces fonds ont été concédés pour cause de ces rentes ou redevances; — les droits de pulvérage levés sur les troupeaux passant dans les chemins publics des seigneurs; — les droits qui, sous la dénomination de banvin, vet-du-vin, étanche ou autre quelconque, emportaient pour un seigneur la faculté de vendre seul et exclusivement aux habitants de sa seigneurie, pendant un certain temps de l'année, ses vins et autres boissons et denrées quelconques; — les droits connus en Auvergne et autres provinces, sous le nom de *cens en commande;* en Flandre, en Artois, en Cambrésis, sous celui de *gave, gavenne* ou *goule;* en Hainaut, sous celui de *poursoin;* en Lorraine, sous celui de *sauvement* ou *sauvegarde;* en Alsace, sous celui d'*avouerie*, et tous les droits qui se payaient ci-devant, en quelque lieu du royaume et sous quelque dénomination que ce fût, en reconnaissance et pour prix de la protection des seigneurs; à l'exception des droits ayant pour cause des concessions de fonds; — les droits sur les achats, ventes, importations et exportations de biens meubles, de denrées ou de marchandises, tels que droits de cinquantième, centième ou autre denier du prix des meubles ou bestiaux vendus; les lods et ventes; treizième et autres droits sur les vassaux, sur les bois et autres futaies, têtards et fruitiers, coupés et vendus pour être coupés, sur les matériaux des bâtiments démolis ou vendus pour être démolis; les droits d'accise sur les comestibles; le droit de leyde ou dîme sur les poissons; les droits de bouteillage, de wingeld ou autres sur les vins et autres boissons; les impôts et billots seigneuriaux ou autres de même nature; — les droits de péage, de long et de travers, passage, halage, pontonnage, barrage, châmage, grande et petite coutume, tonlieu, et tous autres droits de ce genre ou qui en seraient représentatifs; — les droits d'étallonage, minage, muyage, menage, leude, leyde, puginère, bichenage, levage, petite coutume, sexterage, coponage, capel, coupe, cartelage, stellage, sciage, palette, aunage, étale, étalage, quintallage, poids et mesures, et autres droits qui en tiennent lieu, et généralement tous droits soit en nature, soit en argent, perçus sous le prétexte de poids, mesures ou mesurage de grains, grenailles, sel et toutes autres denrées ou marchandises, ainsi que sur leur étalage, de la possession actuelle remontant à quarante ans. La preuve testimoniale est même accordée aux seigneurs dont les archives et les titres auraient été brûlés ou pillés à l'occasion des troubles survenus depuis le commencement de l'année 1789.

Plusieurs autres décrets (3 mai 1790, 13 avril et 15 juin 1791) s'occupèrent aussi des conditions et des formes du rachat des droits féodaux rachetables ; d'autres, du rachat des rentes foncières et seigneuriales (18 et 23 décembre 1790).

Et l'Assemblée nationale, heureuse d'avoir mené à fin l'opération si difficile d'une liquidation complète du régime féodal, se chargea des frais d'une médaille frappée en mémoire de l'abandon de tous les privilèges (30 septembre et 9 décembre 1790).

Il faut dire que les assemblées qui suivirent l'Assemblée constituante ne se montrèrent pas aussi réservées dans l'appréciation des droits féodaux. Divers décrets de l'Assemblée législative et de la Convention (18 juin, 17 août,

vente ou transport dans l'intérieur du royaume ; à l'exception des droits ayant pour cause des concessions de fonds ; — les droits connus sous le nom de coutume, hallage, havage, cohue, et généralement tous ceux qui étaient perçus en nature ou en argent, à raison de l'apport ou du dépôt des grains, viandes, bestiaux et autres denrées et marchandises, dans les foires, marchés, places ou halles ; mais les bâtiments et halles continueront d'appartenir à leurs propriétaires, sauf à eux à s'arranger à l'amiable, soit pour le loyer, soit pour l'aliénation, avec les municipalités des lieux ; — tous droits qui, sous prétexte de permission donnée par les seigneurs pour exercer des professions, arts ou commerces, ou pour des actes qui, par le droit naturel et commun, sont libres à tout le monde ; tous les droits de banalité de fours, moulins, pressoirs, boucheries, taureaux, verrats, forges et autres, ensemble les sujétions qui y sont accessoires, ainsi que les droits de vertemoute et de vent, le droit prohibitif de la quête-mouture ou chasse des meuniers ; — toutes les corvées, à la seule exception des réelles, c'est-à-dire de celles ayant pour cause des concessions de fonds ; — toutes sujétions qui, par leur nature, ne peuvent apporter à celui à qui elles sont dues aucune utilité réelle ; — le droit de triage ; — le droit de tiers-denier.

25 août 1792, 6 et 30 juillet 1793) rangèrent, dans la classe des droits à supprimer sans indemnité, beaucoup de ceux qui avaient figuré jusque-là dans les droits rachetables. On n'excepta (25 août 1792) que les droits ayant pour cause une concession primitive de fonds, laquelle ne pourrait être établie qu'autant qu'elle se trouverait clairement énoncée dans l'acte primordial d'inféodation, d'accensement ou de bail à cens, qui devrait être rapporté.

La présomption fut alors changée de nature et retournée contre les anciens seigneurs. Tous leurs droits féodaux et seigneuriaux furent présumés reposer sur des abus de puissance; et ce fut à eux de présenter des titres, pour établir qu'ils avaient pour origine des contrats à titre onéreux et communicatif. De là, le célèbre décret du 28 août 1792, qui rend aux citoyens et aux communes les biens vacants dont ils avaient été dépouillés par les anciens seigneurs.

Enfin, le décret du 17 juillet 1793 ordonna la suppression sans indemnité de toutes redevances ci-devant seigneuriales, droits féodaux, censuels, fixes et casuels, même de ceux conservés par le décret du 25 août précédent; n'exceptant de cette disposition que les rentes ou prestations foncières et non féodales. Par le même décret, il fut enjoint aux ci-devant seigneurs, aux feudistes, commissaires à terrier, notaires ou tous autres dépositaires de titres constitutifs ou récognitifs de droits supprimés, de les déposer, pour être brûlés, au greffe de la municipalité des lieux.

Ce fut la fin du régime féodal.

Mais nous avons tenu à faire voir que l'Assemblée constituante fut pure de ces excès; que, dans ses réformes, elle respecta les droits justifiés de la propriété, supprima les privilèges et les inégalités qui grevaient le sol de la France, et n'expropria les détenteurs que dans un intérêt d'utilité publique, avec la garantie d'une juste et sérieuse indemnité.

ÉGALITE EN MATIÈRE D'IMPOTS.

C'était là une des réclamations les plus vives et les mieux motivées. L'exemption accordée aux deux ordres privilégiés blessait directement les contribuables, en reportant sur le tiers-état les charges dont la noblesse et le clergé étaient exempts. Le tiers, à Paris, demandait la suppression de toute imposition distinctive quelçonque, réelle ou personnelle, telle que : taille, franc-fief, capitation, milice, corvée, logement des gens de guerre et autres, et son remplacement, suivant le besoin, en impôts généraux, supportés également par les citoyens de toutes les classes. L'unanimité du tiers état voulait aussi qu'on remplaçât les anciens droits par un nouvel impôt, assis d'une manière uniforme sur tout le sol, sans exception des biens nobles, ecclésiastiques ou autres.

Les ordres privilégiés n'étaient pas d'accord.

Le clergé réclamait vivement contre l'immunité des fiefs nobiliaires. Pour sa part, il reconnaissait ne pouvoir se soustraire à l'égale répartition, et renonçait à ses privilèges. Mais il demandait que sa dette, ayant été contractée au service de l'État (1), fût réunie à la dette publique.

La noblesse était disposée aussi à faire le sacrifice de ses immunités quant aux impôts : elle acceptait ce qu'elle avait refusé à Calonne, sa part des charges publiques. Mais, disent les uns, l'impôt ne sera jamais que temporaire, et, disent les autres, l'imposition que devront payer les nobles sera portée sur les rôles sous le nom de *taille*

(1) C'est en contractant des emprunts que le clergé faisait face, le plus souvent, aux *dons gratuits*, qui étaient sa contribution.

noble, afin de distinguer et conserver la ligne de démarcation si nécessaire dans une monarchie.

Quoi qu'il en soit, l'égalité en matière d'impôts était une nécessité. Le discours du garde des sceaux à la séance d'ouverture des États-Généraux, le 5 mai 1789, en donnait ainsi les raisons :

« Dans les siècles où les églises n'étaient point dotées, « où l'on ne connaissait encore ni les hôpitaux, ni ces « autres asiles nombreux élevés par la piété et la charité « des fidèles, où les ministres des autels, simples distri- « buteurs des aumônes, étaient solidairement chargés de « la subsistance des veuves, des orphelins, des indigents, « les contributions du clergé furent acquittées par ces « soins religieux, et il y aurait eu une sorte d'injustice à « en exiger des redevances pécuniaires.

« Tant que le service de l'arrière-ban a duré, tant que « les possesseurs de fiefs ont été contraints de se trans- « porter à grands frais d'une extrémité du royaume à « l'autre, avec leurs armes, leurs hommes, leurs chevaux, « leurs équipages de guerre, de supporter des pertes sou- « vent ruineuses, et, quand le sort des combats avait mis « leur liberté à la merci d'un vainqueur avare, de payer « une rançon toujours mesurée sur son insatiable avidité, « n'était-ce pas un impôt réel que ce service militaire, « que l'on a même vu plusieurs fois concourir avec des « contributions volontaires ?

« Aujourd'hui que l'Église a des richesses considéra- « bles, que la noblesse obtient des récompenses honori- « fiques et pécuniaires, les possessions de ces deux ordres « doivent subir la loi commune. »

Pareillement, la Déclaration du Roi, dans la séance du 23 juin 1789, contenait, avec beaucoup d'égards pour les ordres privilégiés, une véritable promesse d'égalité :

« 9. — Lorsque les dispositions formelles annoncées « par le clergé et la noblesse, de renoncer à leurs privilèges

« pécuniaires, auront été réalisées par leurs délibérations, « l'intention du roi est de les sanctionner, et qu'il n'existe « plus, dans le paiement des contributions pécuniaires, « aucune espèce de privilèges ou de distinctions.

« 10. — Le roi veut que, pour consacrer une disposi- « tion si importante, le nom de *tailles* soit aboli dans son « royaume, et qu'on réunisse cet impôt soit aux vingtiè- « mes, soit à tout autre imposition territoriale, ou qu'il « soit enfin remplacé de quelque manière, mais toujours « d'après des proportions justes, égales, et sans distinc- « tion d'état, de rang et de naissance. »

« 13. — Les deux premiers ordres de l'État continue- « ront à jouir de l'exemption des charges personnelles; « mais le roi approuvera que les États-Généraux s'occu- « pent des moyens de convertir ces sortes de charges en « contributions pécuniaires, et qu'alors tous les ordres « de l'État y soient assujettis également. »

L'Assemblée n'y mit pas tant de façons ni de ménage- ments. Sur la proposition même des privilégiés, et par un décret qui prit la date fameuse du 4 août 1789, il fut dit : « Art. 9. Les privilèges pécuniaires, personnels ou réels, « en matière de subsides, sont abolis à jamais. La percep- « tion se fera sur tous les citoyens et sur tous les biens, « de la même manière et dans la même forme, et il va être « avisé aux moyens d'effectuer le paiement proportionnel « de toutes les contributions. »

La Déclaration des droits consacra le même principe :

« 13. — Pour l'entretien de la force publique et pour « les dépenses d'administration, une contribution com- « mune est indispensable; elle doit être également répar- « tie entre tous les citoyens, en raison de leurs facultés. »

Et la Constitution rangea, au nombre des droits civils et naturels qu'elle garantissait, l'égalité et la proportion- nalité des impôts.

Il en était un, plus odieux, plus à charge aux populations. On n'attendit pas, pour le supprimer, que la contribution nouvelle eût été organisée. Dès le 23 septembre 1789, il fut dit que la gabelle serait supprimée, aussitôt que le remplacement en aurait été concerté et assuré avec les assemblées provinciales; que provisoirement le sel ne serait plus payé que 30 liv. le quintal, sans que les provinces qui payaient le sel un moindre prix éprouvassent aucune augmentation; que tout habitant avait pleine liberté de s'approvisionner du sel nécessaire à sa consommation, dans tels greniers ou magasins de sa province qu'il voudrait choisir, avec liberté d'appliquer le sel ainsi levé à tel emploi que bon lui semblerait.

Autre réforme. Le sol de la France était divisé par une foule de lignes de douanes intérieures, qui, dans un même pays, semblait établir mille pays différents. On n'entendait pas encore le libre échange comme s'appliquant aux nations étrangères : on l'appliqua du moins aux différentes parties de la nation. Le 31 octobre 1790, l'Assemblée nationale, « considérant que le commerce est « le moyen de donner à l'agriculture et à l'industrie ma- « nufacturière tous les développements et toute l'énergie « dont elles sont susceptibles, et qu'il ne peut produire « cet important effet qu'autaut qu'il jouit d'une sage « liberté; considérant qu'il est maintenant gêné par des « entraves sans nombre; que les droits de traites, existant « sous diverses dénominations et établis sur les limites « qui séparaient les anciennes provinces du royaume, « sans aucune proportion avec leurs facultés, sans égard « à leurs besoins, fatiguent par les modes de leur percep- « tion autant que par leur rigueur même, non-seulement « les spéculations commerciales, mais encore la liberté « individuelle; qu'ils rendent différentes parties de l'État « étrangères les unes aux autres; qu'ils resserrent la con- « sommation, et nuisent par là à la reproduction des ri- « chesses nationales; — supprime tous les droits de trai-

« tes, et les bureaux placés dans l'intérieur du Royaume « pour leur percéption, et les remplace par un droit uni- « que à percevoir aux frontières. » L'énumération de ces droits divers est curieuse, et donne une idée du régime économique qui fut renversé par la Révolution (1).

Un impôt partageait l'impopularité de la gabelle et des douanes intérieures, c'était la dîme.

Elle se calculait sur le produit brut. Loin de supporter aucun frais de travail, elle s'accroissait de toute amélioration du fonds; elle décourageait donc la production, et

(1) L'art. 1er supprimait tous les droits et les bureaux des douanes intérieures, même ceux établis en Bretagne pour la perception du droit de traite domaniale, et dans le Poitou, l'Anjou et le Maine, pour les droits de traite par terre, et de trépas de Loire.

L'art. 2 s'appliquait aux droits particuliers d'abord et de consommation, perçus indépendamment de ceux de traite sur le poisson de mer, frais, sec et salé, ainsi que les droits de subvention par doublement, et de jauge et de courtage perçus sur les vins et autres boissons venant de l'étranger.

L'art. 3 faisait cesser les tarifs particuliers de 1664, 1667, 1671, de douanes de Lyon, de douanes de Valence, de 4 pour 100 sur les drogueries et épiceries, de foraine, de table de mer, de 2 pour 100 d'Arles, du denier Saint-André et du liard du Barod; ceux de la patente de Languedoc, foraine et traite d'Arzac, de la gabelle et foraine du Béarn; ceux de la comptabilité, du droit de convoi, de la traite de Charente, de la prévôté de la Rochelle, de courtage à Bordeaux, de la prévôté de Nantes, de Brieux, et ports et havres en Bretagne; d'issue foraine, traverse et haut conduit, transit et tonlieu dans la Lorraine, le Barrois et les Évêchés; le droit de passage sur les vins de Lorraine entrant dans le pays messin; le tarif des péages d'Alsace, qui tiennent lieu des droits de traite dans cette province; les péages du Rhône, celui du Paty, celui de Péronne, et généralement tous les péages royaux; ceux pour les droits d'abord et de consommation, et tous autres tarifs servant à la perception des droits sur les relations de diverses parties du royaume entre elles et l'étranger; ainsi que les droits de courtage et mesurage à la Rochelle, de premier tonneau de fret, de branche de cyprès, de quillage, de tiers retranché, de parisis, de coutume des ci-devant seigneurs, de traites domaniales à la sortie, et ceux d'acquits et d'attribution attachés aux offices des maîtrises de port et autres juridictions.

n'aurait permis que difficilement l'emploi des nouvelles méthodes agricoles.

Aussi demandait-on, en 1789, la suppression complète des dîmes et leur conversion en prestations pécuniaires. C'était le vœu unanime du tiers. La noblesse s'y joignait en grande partie (1), demandant la suppression de la dîme, ou qu'il en fût fait un emploi plus utile ; que la dette du clergé fût laissée à sa charge, et qu'il fût autorisé à vendre une partie de ses biens pour en opérer le remboursement.

Le clergé résista. Il demandait, au contraire, que tous les biens, sans exception, fussent soumis à la dîme, que tous privilèges et exemptions, à cet égard, fussent supprimés (2).

Il présentait les dîmes comme un droit inviolable et de fondation nationale : de sages lois, disait-il, préviendront tous débats sur le mode de perception (3).

Le clergé de Meaux s'exprimait ainsi (4) : — « Parmi les « propriétés qui forment le patrimoine des Églises de « France, la dîme est celle que le souverain et la nation « ont le plus solennellement assurée. L'établissement de « ce droit remonte aux capitulaires de nos rois, qui ont « affecté à la dîme tous les fruits de la terre, et imposé « aux cultivateurs l'obligation civile de la payer. Ces lois, « qui portent la double sanction du souverain et de la « nation au milieu de laquelle elles ont été proclamées, « auraient dû préserver de toute atteinte une propriété « aussi ancienne et appuyée sur une possession aussi re- « commandable. »

Malgré cette opposition, la nuit du 4 août comprit les dîmes dans l'immense immolation qu'elle accomplit ; et,

(1) *Hist. parl.*, I, 330.
(2) Clergé, Troyes, p. 17.
(3) Clergé, Tulle, p. 7.
(4) Clergé, Meaux, p. 25.

en dépit des efforts désespérés du clergé, par le décret du 20 avril 1790, la suppression des dîmes fut confirmée, dans les termes où elle avait été prononcée.

Ces termes sont précieux à conserver : ils répondent à l'accusation qui a été portée, même récemment, contre l'Assemblée constituante, d'avoir supprimé, et non remplacé l'impôt de la dîme.

« Les dîmes de toute nature, et les redevances qui en « tiennent lieu, sous quelque dénomination qu'elles soient « connues et perçues, même par abonnement, possédées « par les corps séculiers et réguliers, par les bénéficiers, « les fabriques et les gens de main-morte, même par l'or- « dre de Malte et autres ordres religieux et militaires, « même celles qui auraient été abandonnées à des laïcs, « en remplacement et pour option de portion congrue, « sont abolies ; sauf à aviser aux moyens de subvenir « d'une autre manière à la dépense du culte divin, à l'en- « tretien des ministres des autels, au soulagement des « pauvres, aux réparations et reconstructions des églises « et presbytères, et à tous les établissements, séminaires, « écoles, collèges, hôpitaux, communautés et autres, « à l'entretien desquels elles sont actuellement affec- « tées. »

Ainsi la suppression pure et simple n'atteignait que les décimateurs et les établissements de main-morte, dont l'entretien était accepté par la nation comme conséquence de la main-mise sur les biens du clergé. Quant aux autres dîmes, inféodées, c'est-à-dire possédées par des seigneurs et communautés laïques, le même décret les déclarait seulement rachetables. (Décret du 20 avril 1790. — Règlement du 28 avril 1790, titre V. — Autre décret du 30 juillet 1791.)

Le rapport du Comité des dîmes, présenté par Chasset, proposait de supprimer les dîmes, et d'élever les contributions générales à un point tel qu'elles suffiraient pour solder tous les frais du culte et placer entre les mains de la nation, dégagés de toutes charges, les biens ecclésiastiques mis à sa disposition par le décret du 2 novembre 1789. C'est ce qui fut fait par l'établissement d'une contribution foncière générale, dont le principal, fixé à 240 millions, comprenait tous les impôts antérieurs, notamment la dîme : contribution qui fut même jugée trop forte pour les facultés du pays, et qui, de nos jours, n'a atteint ce chiffre que grâce aux centimes additionnels.

L'Assemblée constituante fut donc juste, en convertissant un impôt inégal et oppressif en une contribution proportionnelle (1), et en déclarant simplement rachetables les dîmes inféodées, c'est-à-dire possédées par des seigneurs, pour qui elles étaient une véritable propriété. Ce n'est pas à cette Assemblée qu'il faut reprocher les mesures prises plus tard (25 août 1792), par lesquelles on supprima, sans indemnité, comme tenant à la nature des redevances féodales, les dîmes dont il s'agit, à moins qu'il ne fût prouvé qu'elles étaient le prix d'une concession primitive de fonds.

ÉGALITÉ DANS LES FAMILLES.

C'était, en 1789, un vœu général dans la classe non privilégiée. Le tiers état proposait d'établir le partage égal des biens entre les enfants et de supprimer l'usage des substitutions.

Les coutumes et le droit romain présentaient, en effet,

(1) C'est une mesure semblable que l'Angleterre a adoptée en 1835 : elle n'a pas supprimé la dîme, mais l'a transformée en un impôt fixe au profit des décimateurs. En France, la nation le percevait à son profit, s'étant chargée d'accomplir les obligations auxquelles devait subvenir la dîme.

sur cette matière, les bigarrures les plus extraordinaires. La légitime des enfants variait d'une province à l'autre. Les réserves coutumières, établies pour conserver les biens dans les familles, s'opposaient bien au droit de tester; mais ce droit était ailleurs si étendu que souvent les héritiers légitimes, surtout les femmes, n'avaient rien à réclamer dans la succession de leurs père et mère, lorsqu'une dot leur avait été donnée, ne fût-ce que d'un *chapel de roses*. Les substitutions enlevaient au commerce, généralement au profit des aînés, une masse de biens considérable, qui tendait chaque jour à s'accroître, pour soutenir, disait-on, l'éclat des grandes familles.

Une réaction devait s'opérer en faveur de l'égalité. C'était d'ailleurs un retour aux plus anciennes traditions de la France, au droit des Gaulois, qui, par opposition au principe du droit romain, loin de faire prévaloir la volonté de l'homme sur les rapports naturels, plaçait au premier rang la succession *ab intestat*, la loi d'égalité, et même accordait certaines préférences au *juveigneur* (Laferrière). Cette réaction était logique, de la part d'une nation qui voulait se soustraire au joug de la conquête, représentée à ses yeux par la classe qui prétendait avoir succédé aux conquérants, Romains ou Francs.

Aussi, lorsqu'on discuta l'abolition des droits d'aînesse et de masculinité, Mirabeau, qui avait des raisons pour ne pas aimer le despotisme des pères de famille, appuyant le projet de loi présenté par Merlin, sur les inégalités de partage dans les successions *ab intestat*, annonçait une prétention plus vaste et plus complète :

« Le projet qui vient de vous être présenté, disait-il « (séance du 21 novembre 1790), tend à faire disparaître « les inégalités résultantes de la loi; mais ne faut-il pas « faire marcher d'un pas égal les inégalités résultantes de « la volonté ? Je veux dire les inégalités que les substitu- « tions ont rivées dans la société : c'est le seul moyen de

« porter la hache au pied de l'arbre, dont on élague quel-« ques branches parasites, en y laissant toujours des « racines voraces. Je demande donc que le Comité nous « présente un travail sur les substitutions ; et, comme je « me suis occupé de cette matière, je demanderai la pa-« role dans cette discussion. »

Le discours qu'il annonçait, et dans lequel il combattait le droit de tester, ne fut lui-même que le testament de l'illustre orateur. Lu, après sa mort, par Talleyrand, il concluait à ce que : 1° l'ordre et le partage des successions en ligne directe, ascendante et descendante, fussent fixés par la loi ; qu'il fût assuré aux héritiers dans cette ligne les *neuf dixièmes* de la masse des biens de celui auquel ils succéderaient ; 2° que les substitutions, majorats et fidéicommis fussent à l'avenir prohibés entre toutes personnes, et qu'à l'égard des substitutions qui ont commencé d'avoir leur exécution, et sous la foi desquelles il a été contracté des alliances, elles ne conservassent d'effet que dans un degré, et par une seule mutation.

« Il n'y a plus d'aînés, disait-il, plus de privilèges dans « la grande famille nationale : il n'en faut plus dans les « petites familles qui la composent. »

Comme on le voit, Mirabeau réduisait la faculté de tester, la portion disponible, à un dixième. On voit là le germe de la loi du 17 nivôse an II.

Pétion demandait l'égalité absolue entre enfants, sans qu'il fût permis au chef de famille de la déranger par sa volonté. La portion disponible aurait été *zéro*.

Tronchet, précurseur déjà du Code Napoléon, voulait qu'on reconnût à l'homme la faculté de régler la transmission de sa propriété à son décès, subordonnée à des limitations qui seraient les mêmes pour tous les citoyens et dans tout le royaume. Si l'on admettait une légitime en faveur de tous les héritiers en ligne directe, descendante ou ascendante, elle ne pourrait être moindre que les 3/4 de la portion héréditaire de chaque héritier. En collatérale, il n'y aurait de légitime qu'en faveur des frères, du neveu et de l'oncle ; et cette légitime serait de la moitié seulement des biens échus au défunt par succession. (C'était un souvenir de la législation coutumière sur les propres, un mode de conservation des biens dans les familles.)

La question fut ajournée ; et l'Assemblée se borna à décréter le principe de l'égalité des héritiers dans toutes les successions *ab intestat*. Le droit de tester ne devait être discuté que plus tard, et devant une Assemblée disposée à porter à l'excès tous les principes des Assemblées antérieures.

La Convention, donc, après avoir prohibé, le 14 novembre 1792, les substitutions pour l'avenir (1), aboli celles non encore ouvertes, et réduit celles ouvertes à un seul héritier, vota, le 7 mars 1793, un décret par lequel « la « faculté de disposer de ses biens, soit à cause de mort, « soit entre-vifs, soit par donation contractuelle, en ligne « directe, était abolie : en conséquence, tous les descen- « dants auront un droit égal sur le partage des biens de « leurs ascendants. »

Enfin, par les lois des 5 brumaire et 17 nivôse an II, l'égalité des partages est établie, pour toutes les successions des pères, mères et autres ascendants, et des parents collatéraux, ouvertes depuis le 14 juillet 1789, nonobstant toutes les lois, coutumes, usages, donations, testaments et partages déjà faits : obligation à tous, enfants, descendants et héritiers en ligne collatérale, de rapporter, même en renonçant à ces successions, tout ce qu'ils auront reçu depuis le 14 juillet 1789. — Exception pour les dispositions et donations faites par contrat de

(1) Même celles créées depuis le 14 juillet 1789 (Décret du 22 ventôse an II, 52e question).

mariage; mais, s'il y a des enfants, réduction à la moitié en usufruit des biens de l'époux prédécédé. — Faculté à chacun de disposer du dixième de son bien, si l'on a des héritiers en ligne directe; du sixième, si l'on a des héritiers collatéraux.

Et au reproche de donner à la loi un effet rétroactif, puisqu'elle appliquait sux successions et donations ouvertes et faites depuis le 14 juillet 1789 une loi promulguée seulement en 1794, la Convention répondait le 22 ventôse an II (4ᵉ question) :

« Appliquer les règles nouvelles aux successions ouver-
« tes depuis le 14 juillet 1789, ce n'est pas donner à la loi
« un effet rétroactif; parce que la loi ne fait que dévelop-
« per les principes proclamés dès lors par un grand peu-
« ple qui se ressaisissait de ses droits : l'effet rétroactif
« commencerait là seulement où l'on dépasserait cette
« limite. »

Cependant la Convention elle-même ne tarda pas à faire disparaître la rétroactivité qu'elle avait d'abord niée. Le 5 floréal an III, elle ordonna la suspension de toute action intentée ou procédure commencée à l'occasion de l'effet rétroactif résultant de la loi du 17 nivôse. — Le 9 fructidor an III, elle décréta que les lois des 5 brumaire et 17 nivôse an II, concernant les divers modes de transmission des biens dans les familles, n'auraient d'effet qu'à compter des époques de leur promulgation (1).

Même on avait marché trop vite dans ce retour aux principes : on avait oublié la loi du 7 mars 1793, qui devait avoir effet du jour de sa promulgation. Une loi du 18 pluviôse an V répara cette erreur :

« Art. 1ᵉʳ. Les avantages, prélèvements, préciputs, dona-
« tions entre-vifs, institutions contractuelles et autres dis-

(1) Développements et exécution de cette disposition. — Loi du 3 vendémiaire an IV.

« positions irrévocables de leur nature, légitimement sti-
« pulées en ligne directe avant la publication de la loi du
« 7 mars 1793, et, en ligne collatérale ou entre individus
« non parents, antérieurement à la publication de la loi
« du 5 brumaire an II, auront leur plein et entier effet,
« conformément aux anciennes lois, tant sur les succes-
« sions ouvertes jusqu'à ce jour que sur celles qui s'ouvri-
« raient à l'avenir.

« Art. 2. Les élections d'héritier ou de légataire et les
« ventes à fonds perdu, qui ont été annulées par les art.
« 23 et 26 de la loi du 17 nivôse an II, à compter du
« 14 juillet 1789, sont rétablies dans leur état primitif, si
« elles ont été faites par acte ayant date certaine avant la
« publication de ladite loi du 17 nivôse. »

On revenait peu à peu à la justice et à la modération; et, par un mouvement naturel, après avoir porté à l'extrême la passion nouvelle de l'égalité, la réaction ramenait les esprits aux idées que Tronchet avait exposées à l'Assemblée constituante. Par une concession raisonnable à l'autorité du père de famille et à la liberté des dispositions, on étendit la faculté de disposer, tout en maintenant le principe de l'égalité de succession. Ce fut l'objet de la loi du 4 germinal an VIII, transition insensible au Code Napoléon, qui prit, dans les discussions de la Constituante, la base de ses dispositions, maintint l'égalité naturelle entre les enfants, respecta le droit de tester, et se tint également éloignée des excès, que le législateur de 1790 avait écartés par voie d'ajournement, et des privilèges et inégalités de l'ancien régime.

Pareillement, un autre genre d'égalité dans la famille ne fut pas adopté par l'Assemblée constituante. Il était réservé à la Convention de décréter (12 brumaire an II) que les enfants nés hors mariage seraient admis aux successions de leurs père et mère (1), et que leurs droits de

(1) Ce droit s'appliquait, comme la loi du 17 nivôse, aux succes-

successibilité seraient les mêmes que ceux des autres enfants; qu'il y aurait même, à partir du jour de la loi, successibilité réciproque entre eux et leurs parents collatéraux, à défaut d'héritiers directs. — Les enfants adultérins devaient recevoir, à titre d'aliments, le tiers en propriété de la portion à laquelle ils auraient eu droit s'ils étaient nés dans le mariage.

Et c'est en vain que la Convention renvoie à son comité de législation, pour faire un rapport sous trois jours, la proposition faite d'examiner s'il y a lieu de rapporter la loi du 12 brumaire an II. Cette déclaration de doute, émise le 26 vendémiaire an IV, ne précédait que de quelques jours la clôture des séances de la Convention. Ce fut donc une question léguée aux conseils du gouvernement directorial. Nous verrons plus loin comment elle fut traitée par Cambacérès dans son troisième projet de Code civil, et comment elle tomba entre les mains des rédacteurs du Code Napoléon.

Ce que nous devons constater ici, c'est l'accord constant des principes de l'Assemblée constituante avec ceux de nos Codes modernes; comme si, par une loi naturelle du mouvement des idées, la vérité, traversée en quelque sorte par les passions et les excès, devait revenir à son point de départ, par une suite d'oscillations qu'on a comparées à celles du pendule. C'est ainsi qu'on a pu dire à différentes époques que la Révolution, revenue aux principes de 1789, était finie : elle l'aurait été, en effet, si on avait su s'y maintenir.

sions ouvertes depuis le 14 juillet 1789; mais cette rétroactivité fut abrogée dès le 3 vendémiaire an IV. — Il est vrai que, le 26 du même mois, on suspend l'exécution de ce retour aux principes.

ÉGALITÉ DEVANT LES TRIBUNAUX.

ORGANISATION JUDICIAIRE.

La justice de l'ancien régime n'était pas compatible avec le régime de l'égalité. Il existait une foule de tribunaux d'exception. Les justices seigneuriales et patrimoniales étaient signalées comme des *mangeries de village*. La justice ordinaire elle-même, aboutissant aux Parlements et au Conseil du roi, était odieuse aux populations. La Provence n'était pas la seule province qui comptât son parlement au nombre des fléaux (1). Le Conseil du roi attirait à lui, par les évocations, toutes les causes intéressant les grands personnages : de nombreux privilèges de personnes, de corporations, de faveur, rompaient en outre, entre les justiciables, toute égalité.

L'inamovibilité des juges n'aurait pas été un remède : elle existait. Les charges de judicature étaient non-seulement inamovibles, mais patrimoniales et vénales. Il fallait aller plus loin.

Un grand nombre de cahiers du tiers demandèrent la justice gratuite, l'élection des juges parmi les avocats et gens de loi ayant exercé plusieurs années ; qu'il fût établi des juges de paix ou des tribunaux de conciliation ; qu'on travaillât à établir un Code universel. — Seront abolis, disait-on encore, les tribunaux d'exception, tels que capitaineries, maîtrises des eaux et forêts, etc., et d'attribution, tels que conseils, requêtes de l'hôtel, prévôtés, etc., parce que ces tribunaux ruinent les citoyens, entraînent

(1) Mirabeau ne dédaigna pas de rappeler ce *proverbe trivial* qui range le Parlement de Provence parmi les fléaux de ce pays (séance du 5 novembre 1789).

presque toujours l'oppression du faible et ne servent que l'injustice (1).

Que nul ne puisse être distrait de sa juridiction, disait le tiers (2).

Le clergé reconnaissait la nécessité d'une réformation dans l'organisation judiciaire. Quelques cahiers de cet ordre demandaient que les tribunaux d'exception fussent supprimés; que chaque province eût une cour souveraine ou d'appel, chaque localité un tribunal de conciliation ou justice de paix. Mais le clergé voulait que des places fussent réservées à ses membres dans chacune de ces juridictions (3).

Quant à la noblesse, elle disait : que, le maintien de la propriété étant l'objet direct de tous les gouvernements et étant en particulier celui des lois fondamentales de la monarchie, on devait conserver aux seigneurs la propriété des justices inhérentes à la glèbe de leurs fiefs (et patrimoniales comme eux), ainsi que le droit de commettre des officiers pour les desservir en leur nom, et celui d'en recueillir les profits (4).

La réponse ne se fit pas attendre. La nuit du 4 août 1789 la donna :

« Toutes les justices seigneuriales sont abolies sans in« demnité.

« La vénalité des offices de judicature et de municipalité « est supprimée dès cet instant. La justice sera rendue « gratuitement; et néanmoins, les officiers pourvus de ces « offices continueront d'exercer leurs fonctions et d'en « percevoir les émoluments, jusqu'à ce qu'il ait été pourvu « par l'Assemblée aux moyens de leur procurer leur rem« boursement. »

(1) *Hist. parl.*, I, 331.
(2) Tiers, Charonne.
(3) *Hist. parl.*, I, 325.
(4) Noblesse, Lille, p. 21.

En attendant la nouvelle organisation judiciaire, qu'allait-on décider des Parlements, de ces grands corps qui avaient quelquefois balancé le pouvoir absolu des rois? Un décret du 3 novembre 1789 leur enjoint dédaigneusement de rester en vacances. Et les résistances de quelques-uns de ces corps viennent expirer à la barre de l'Assemblée. Seule la désobéissance de la chambre des vacations du parlement de Rennes amène l'établissement d'une cour provisoire (3 février 1790).

On travailla donc à l'organisation nouvelle. Une des premières questions que l'on examina, un des grands et salutaires principes que l'on posa, fut la séparation des pouvoirs administratif et judiciaire. Cette séparation n'existait pas dans l'ancien régime. D'un côté, les Parlements, par des arrêts de règlement, par des décrets d'ajournement personnel contre les administrateurs, entravaient continuellement l'action de l'administration. D'une autre part, les nombreux tribunaux d'exception, les attributions et la juridiction conférées aux intendants, arrachaient les citoyens, en matière civile et criminelle, à leurs juges naturels.

L'Assemblée nationale se montra plus sensible au premier de ces abus. Le souvenir de la résistance des Parlements l'émut surtout : elle craignait moins les envahissements du pouvoir administratif, qu'elle se réservait de constituer sur des bases électives et démocratiques.

Dès le 22 décembre 1789, organisant les administrations de département et de district, elle leur donna la garantie qu'elles ne pourraient être troublées par aucun acte du pouvoir judiciaire.

Et la loi organique de ce pouvoir (16 août 1790) déclare que les fonctions judiciaires sont distinctes et demeureront toujours séparées des fonctions administratives : les juges ne pourront, à peine de forfaiture, troubler, de quelque manière que ce soit, les opérations des corps administratifs, ni citer devant eux les administrateurs pour raison de leurs fonctions.

Immédiatement le départ se fait entre ces deux ordres de fonctions.

Aux corps administratifs, la répartition et le contentieux des contributions directes; — aux tribunaux ordinaires, tout ce qui concernait les contributions indirectes.

En matière de travaux publics, les directoires de département et de district statuent sur les difficultés relatives aux marchés des entrepreneurs; les indemnités dues aux particuliers sont réglées par les mêmes corps, conformément à l'estimation du juge de paix et de ses assesseurs. — Les torts et dommages provenant du fait personnel des entrepreneurs seront jugés par voie de conciliation par la municipalité du lieu, et, en cas de non-conciliation, par le territoire de district.

En matière de grande voirie et de chemins vicinaux, l'administration appartiendra aux corps administratifs; la police, aux tribunaux ordinaires. — De même pour les eaux et forêts.

Au moyen de ces attributions, tout le reste était dévolu aux tribunaux de district; et l'on put supprimer toutes les juridictions anciennes, exceptionnelles ou ordinaires (décret des 6 et 7 septembre 1790).

Parmi ces suppressions, mentionnons celle des Parlements, qui figurent pêle-mêle au milieu des débris de l'ancien régime (1).

(1) Au moyen de la disposition contenue en l'article 16 du titre 2 du décret du 16 août, les *committimus* au grand et petit sceau, les lettres de garde gardienne, les privilèges de cléricature, de scolarité, du scel des Châtelets de Paris, Orléans et Montpellier, des bourgeois de la ville de Paris et de toute autre ville du royaume, et en général tous les privilèges en matière de juridiction; ensemble tous les tribunaux de privilège ou d'attribution, tels que les requêtes du Palais et de l'Hôtel, les conservations des privilèges des universités, les officialités, le Grand Conseil, la prévôté de l'Hôtel, la juridiction prévôtale,

Tout dépendait de l'organisation qu'on allait donner aux nouveaux tribunaux.

Bergasse avait proposé à l'Assemblée un mode de nomination des juges par le pouvoir exécutif, mais sur la présentation de candidats par les assemblées provinciales (1).

Le même orateur, dominé par le souvenir des Parlements, craignait que les tribunaux ne fussent composés d'un trop grand nombre de magistrats et ne formassent ainsi des compagnies puissantes. « S'il est convenable, « disait-il, pour un peuple qui ne jouit d'aucune liberté « politique, qu'il existe des compagnies puissantes de ma- « gistrats, capables de tempérer, par leur résistance, « l'action toujours désastreuse du despotisme ; cet ordre « de choses, au contraire, est funeste pour tout peuple « qui possède une véritable liberté politique. Des compa- « gnies puissantes de magistrats, disposant du terrible « pouvoir de juger, mues comme involontairement dans

les sièges de la connétablie, le tribunal des maréchaux de France, et généralement tous les tribunaux autres que ceux établis par la présente Constitution sont supprimés et abolis (art. 13);

Les amirautés, dont les attributions sont transférées aux tribunaux de commerce (art. 8);

Les juridictions et la Cour des monnaies, dont les attributions appartiendront aux juges de district (art. 9);

Les élections, greniers à sel, juridiction des traites, grueries, maîtrises des eaux et forêts, bureaux des finances, juridictions et cours des monnaies, et les cours des aides (art. 10);

Au moyen de l'abolition du régime féodal, les chambres des comptes demeureront supprimées, aussitôt qu'il aura été pourvu à un nouveau régime de comptabilité (12);

Au moyen de la nouvelle institution et organisation des tribunaux pour le service de la juridiction ordinaire, tous ceux actuellement existants, sous les titres vigueries, châtellenies, prévôtés, vicomtés, sénéchaussées, bailliages, châtelets, présidiaux, conseil provincial d'Artois, conseils supérieurs et parlements, et généralement tous les tribunaux d'ancienne création, sous quelque titre et dénomination que ce soit, demeurent supprimés (art. 14).

(1) *Hist. parl.*, II, 282.

« toutes leurs démarches par le dangereux esprit de corps, « d'autant moins exposées dans leurs jugements à la cen- « sure de l'opinion que la louange ou le blâme qu'elles « peuvent mériter ou encourir se partagent entre un « grand nombre d'individus, et deviennent, pour ainsi « dire, nuls pour chacun; de telles compagnies, dans un « État libre, finissent nécessairement par composer, de « toutes les aristocraties, la plus formidable; et on sait ce « que l'aristocratie peut engendrer de despotisme et de « servitude dans un État quelconque, lorsqu'elle s'y est « malheureusement introduite. »

Cependant Thouret, au nom du comité judiciaire, proposa (1) : des juges de paix dans chaque canton; dans chaque district un tribunal; un tribunal par département; une cour supérieure par ressort de trois ou quatre départements; une cour suprême de révision, et une haute cour nationale; des juges élus, mais inamovibles.

Cette organisation, qui répondait aux vues de la partie modérée de l'Assemblée, ne fut pas admise. Sous l'impression du sentiment de défiance exprimé par Bergasse contre les grands corps judiciaires, on s'en tint à la création des tribunaux de district, qui devinrent respectivement juges d'appel les uns envers les autres. Les juges furent élus, comme l'avait demandé Thouret, mais à temps. C'étaient deux fautes, qu'expliquent les opinions de l'époque. Mais la loi du 16 août 1790, qui les consacra, contenait en même temps l'expression la plus haute des principes d'égalité. On y lisait, titre III :

« Art. 16. — Tout privilège en matière de juridiction « est aboli : tous les citoyens, sans distinction, plaideront « en la même forme, devant les mêmes juges, dans les « mêmes cas.

« Art. 17. — L'ordre constitutionnel des juridictions ne

(1) Le 22 décembre 1789. — *Hist. parl.*, III, 452.

« pourra être troublé, ni les justiciables distraits de leurs « juges naturels, par aucune commission, ni par d'autres « attributions ou évocations que celles qui seront déter- « minées par la loi.

« Art. 18. — Tous les citoyens étant égaux devant la « loi, et toute préférence pour le rang et le tour d'être « jugé étant une injustice, toutes les affaires, suivant leur « nature, seront jugées lorsqu'elles seront instruites, dans « l'ordre selon lequel le jugement aura été requis par les « parties. »

Ce que la loi du 16 août 1790 faisait pour les matières civiles, d'autres décrets l'avaient déjà fait pour les matières criminelles. — Le 12 janvier 1790, il avait été décidé que, nonobstant toute attribution, tous juges ordinaires peuvent et doivent informer de tous crimes, de quelque nature qu'ils soient, et quelle que soit la qualité des accusés et prévenus, même décréter sur l'information et interroger les accusés, sauf ensuite le renvoi au Châtelet de ceux dont la connaissance lui est particulièrement et provisoirement attribuée. — Et un autre décret, du 21 du même mois, portait que : les délits du même genre seront punis par le même genre de peines, quels que soient le rang et l'état des coupables, et que, les délits et les crimes étant personnels, le supplice d'un coupable et les condamnations infamantes quelconques n'impriment aucune flétrissure à sa famille ; l'honneur de ceux qui lui appartiennent n'est nullement entaché, et tous continueront d'être admissibles à toutes sortes de professions, d'emplois et de dignités.

Ainsi disparaissait une des inégalités les plus choquantes de l'ancien régime, l'inégalité des peines, et la tache d'infamie attachée aux descendants innocents d'un coupable.

Les tribunaux ainsi constitués, on dut s'occuper des fonctions qui s'y rattachaient, et qui préparaient leurs décisions.

L'ordre des avocats fut supprimé comme corporation (le 2 septembre 1790); mais la loi et la Constitution assuraient aux accusés l'assistance d'un conseil, et la faculté, pour tous les citoyens, de se défendre, en toute matière, soit verbalement, soit par écrit. De plus, les hommes de loi, dont les offices vénaux et héréditaires furent supprimés, sauf indemnité (29 janvier 1791), furent remplacés par des officiers ministériels (les avoués) dont le nom rappelait par son étymologie (*advocati*) les traditions du barreau français. Les procureurs, peu populaires, furent supprimés.

Au lieu de notaires, royaux et autres, une classe uniforme de notaires publics fut établie (29 septembre 1791).

Au sommet de la hiérarchie judiciaire, une Cour de cassation, ayant pour mission de garantir l'unité de jurisprudence, remplaça le Conseil des parties, supprimé le 27 novembre 1790. A la base et au vestibule des tribunaux, des bureaux de paix et de conciliation furent confiés aux juges de paix et à leurs assesseurs.

La loi promettait que le Code de procédure serait incessamment réformé, de manière à ce qu'elle fût rendue plus simple, plus expéditive et moins coûteuse (titre II, art. 20, de la loi du 16 août 1790). Comme *specimen* de cette réforme promise, on publiait (18 octobre 1790) un règlement simple, sommaire et suffisant sur la procédure en justice de paix (décret additionnel du 6 mars 1791).

En attendant, la loi du 16 août 1790 (titre V, art. 14 et 15) fixait un délai uniforme pour les appels, et réglait la rédaction des jugements, qui devaient tous être motivés; et, si les formes de procédure ancienne étaient provisoirement conservées (12 octobre 1790), on les simplifiait, le 6 mars 1791, en décidant (art. 34) que, jusqu'à ce que l'Assemblée nationale eût statué sur la simplification de la procédure, les avoués suivraient exactement celle établie par l'ordonnance de 1667 et règlements postérieurs; qu'il ne serait cependant présenté aucune requête pour obtenir la permission d'assigner, si ce n'est pour abréger les délais; et, dans les affaires appointées, il ne sera passé en taxe que deux écrits au plus pour chaque partie; et, dans les lieux où il se fait un inventaire de production, il sera fait par un état sommaire qui ne pourra être taxé plus de 15 livres.

Telles sont les institutions judiciaires que la France de l'égalité doit à l'Assemblée constituante.

Elles existent encore aujourd'hui dans leurs bases fondamentales. Car, après les expériences risquées par la Convention, il a fallu revenir aux conceptions de notre première Assemblée nationale.

L'élection des juges, nécessaire peut-être comme transition et pour constituer un nouvel ordre judiciaire en dehors des traditions anciennes, avait du moins été environnée de quelques garanties, de quelques conditions d'éligibilité (décret du 2 septembre 1790). La Convention les supprima toutes, et décréta, dès son premier jour (22 septembre 1792), que le peuple a le droit de choisir parmi tous les citoyens, et l'on procéda au renouvellement de tous les tribunaux, par voie d'élection, parmi tous les citoyens et fils de citoyens âgés de vingt-cinq ans accomplis, domiciliés depuis un an, et n'étant pas en état de domesticité ou de mendicité (19 octobre 1792).

Bientôt on ordonne que les juges des tribunaux civils et criminels seront tenus d'opiner à haute voix en public (26 juin 1793).

Le 3 brumaire an II, un décret est porté sur la procédure. — Les requêtes et significations d'icelles sont supprimées. — Il sera statué dans tous les tribunaux et dans toutes les affaires, sans aucuns frais, sur défenses verbales ou sur simple mémoire qui sera lu à l'audience par l'un des juges. — Les fonctions d'avoué sont supprimées; sauf aux parties à se faire représenter par de simples fondés de pouvoirs, qui seront tenus de justifier de certificats de civisme : ils ne pourront former aucune répétition pour leurs soins ou salaires contre les citoyens dont ils auront accepté la confiance.

Bien plus, on essaie encore de soustraire les procès aux tribunaux ainsi composés et assistés. La juridiction arbitrale est substituée aux tribunaux ordinaires, — pour les procès des communes à raison de leurs biens communaux et patrimoniaux (2 octobre 1793), — pour les contestations sur l'exécution de la loi du 12 brumaire an II (droits des enfants nés hors mariage), — pour les contestations sur l'exécution du décret du 17 nivôse an II (donations et successions). Mais ces tentatives hasardées sont bientôt rapportées par les lois des 25 nivôse an III et 3 vendémiaire an IV.

On revient donc aux tribunaux; et, pour se reporter au pôle opposé de l'Assemblée constituante, qui en avait établi un par district, on décrète (Constitution de l'an III, loi du 19 vendémiaire an IV) qu'il n'y en aura qu'un par département : essai prématuré tout au moins, et qui fut corrigé par l'organisation de l'an VIII, établissant un tribunal par arrondissement, et vingt-neuf tribunaux d'appel; restauration des principes de l'Assemblée constituante, à laquelle on emprunte aussi l'institution des avoués.

ÉGALITÉ DE LÉGISLATION.

C'était un des vœux présentés par les cahiers de 1789. Le clergé avait demandé l'institution d'un même Code civil et d'un même Code criminel et de procédure pour toute la France, la publicité des procédures, l'adoucissement et l'égalité des peines, l'abolition des supplices qui équivalent à des tortures, la suppression des confiscations, du bannissement, l'établissement de maisons de correction, etc. (1).

Mais ce projet rencontrait de vives résistances. L'esprit provincial et municipal tenait à ses anciennes coutumes, à ses traditions héréditaires. Le Midi était attaché au droit romain ; le Nord, au droit coutumier. Des provinces n'avaient été réunies à la France que sous la promesse de conserver leurs droits et privilèges, leur législation. Le droit historique protestait contre le droit philosophique, contre l'unité dogmatique de la législation. « Puisque « l'Assemblée, disait Cazalès, condamne toutes les pro- « vinces du royaume à être gouvernées par les mêmes « lois, système d'où il suit que les lois civiles, comme un « système de morale ou de géométrie, ne doivent être ac- « commodées, ni au climat, ni au nombre, ni au génie, ni « aux mœurs des habitants des provinces..., je propose « d'étendre les lois romaines à tout le royaume. »

Cependant l'unité fut décrétée en principe. Il existait, même à cette époque, un bureau chargé de travailler à une jurisprudence uniforme dans le royaume. L'Assemblée constituante le rencontra parmi une foule de sinécures qu'elle supprimait : le 14 août 1790, elle en prononça la suppression, ainsi que des honoraires y attachés. Elle se chargeait elle-même de ce travail ; et, dans sa loi d'organisation judiciaire, du 16 août 1790, elle déclara (titre II, art. 19) que les lois civiles seraient revues et réformées par les législatures, et qu'il serait fait un code général de lois simples, claires et appropriées à la Constitution. Elle consigna le même principe dans la Constitution : « Il sera fait un code de lois civiles, communes à « tout le royaume. »

L'Assemblée se mit partiellement à l'œuvre, et, opérant

(1) *Hist. parl.*, I, 326.

comme elle l'avait fait en matière criminelle, elle s'occupa des réformes les plus urgentes, en attendant la promulgation d'un Code général. C'est ainsi qu'elle mit à son ordre du jour l'égalité en matière de successions, objet du discours laissé par Mirabeau mourant, et lu par Talleyrand à la tribune. L'esprit provincial s'opposa à cet essai de législation uniforme; et l'orateur, qui allait essayer, par un appel aux lois romaines, de soulever le Midi contre le Nord, prit la parole le 5 avril 1791.

« Ce projet de décret, dit-il, renfermant les règles des « donations, des successions de toutes les espèces, c'est-« à-dire presque toutes les lois sur lesquelles repose la « propriété, embrasse, dans ses rapports directs ou indi-« rects, toutes les parties du Code civil. A quel point « s'est-on joué de l'Assemblée nationale, qui avait dé-« claré qu'elle voulait renvoyer à la législature prochaine « la réforme du Code civil, quand on l'a engagée à adopter « un projet de loi qui, s'il était adopté dans toutes ses « parties, changerait toutes les lois civiles de l'empire! « C'est de la bonté des lois civiles que dépend essentielle-« ment le bonheur du peuple. Les lois politiques ne sont « pour lui que de second ordre. Et qu'importe aux qua-« tre-vingt-dix-neuf centièmes de la nation française « d'être régis par un roi, par un sénat, par une assemblée « nationale ou par un parlement? Toutes les questions « politiques, dont nous faisons si grand bruit, n'intéres-« sent guère que quelques milliers d'intrigants, qui, vou-« lant dominer les autres, cherchent à faire prévaloir le « genre de gouvernement qui offre le plus de chances à « leur ambition. Si de bonnes lois politiques n'étaient pas « nécessaires pour que les lois civiles fussent respectées, « si elles n'en étaient pas les gardiennes, elles seraient « sans intérêt pour l'universalité presque de la nation. Les « lois civiles, étant celles qui établissent et ordonnent la « propriété, atteignent généralement tous les citoyens,

« le bonheur de tous en dépend : il est du plus grand inté-
« rêt pour tous qu'elles soient discutées avec la plus
« grande maturité. Changer les lois civiles d'un empire est
« donc le travail le plus important dans son objet, le plus
« difficile dans son exécution : difficile à cause de cette
« foule de rapports qui s'y lient et que des législateurs
« vulgaires n'aperçoivent souvent qu'après les avoir dé-
« truits ; difficile à cause de l'amour extrême que les peu-
« ples ont pour leurs coutumes et pour leurs lois (1). »

C'est après cette tentative d'ajournement que l'orateur de la droite fit appel aux lois romaines, et jeta au milieu de la discussion cette pomme de discorde entre les provinces méridionales et les autres provinces du royaume. Il atteignit son but. Le lendemain, l'Assemblée ajourna la question. Il ne resta debout, par cet ajournement, que la suppression des droits d'aînesse et de masculinité, l'égalité des partages *ab intestat,* sans égard à la qualité des biens et des personnes : principes qui avaient été décrétés antérieurement (décret du 15 mars 1790, confirmé le 8 avril 1791).

Tel fut, quant à l'unité de législation, le rôle de l'Assemblée constituante.

L'Assemblée législative, par une adresse du 16 octobre 1791, invitait tous les citoyens et même les étrangers, à lui communiquer leurs vues sur la formation du nouveau Code ; et, le 16 février 1792, elle disait, dans une proclamation : « La réforme du Code civil, l'établissement de « l'instruction nationale, demandaient de longues prépa- « rations ; et les membres de l'Assemblée, qui ont été « chargés de ces travaux, ont préféré entendre incul- « per leur lenteur, et ne pas s'exposer aux reproches que « les imperfections d'un ouvrage trop précipité leur au- « raient justement attirés. »

(1) *Hist. parl.*, IX, 309.

La Convention aborda résolûment la discussion, qu'elle avait annoncée par un article de sa Constitution, portant (art. 85) : « Le Code des lois civiles et criminelles est uni- « forme pour toute la République. »

Le 22 août 1793, elle commença cette discussion sur le projet qui lui avait été lu le 9 du même mois. C'est le premier projet de Cambacérès, au nom du Comité de législation, composé de : Cambacérès, Charlier, Génissieu, Merlin de Douai, Guyton, Oudot, Bezard, Bar, Garran, Azéma, Hentz, Florent-Guyot, Berlier.

Ce n'est pas un spectacle sans grandeur que celui de cette terrible Assemblée discutant paisiblement un ensemble de lois civiles, entre deux insurrections ou deux proscriptions; discutant ce projet de Code, que Portalis qualifia plus tard de *chef-d'œuvre de méthode et de précision,* et consacrant les conquêtes de la Révolution par l'unité législative la plus complète : — « Les esprits ordinaires, a « dit encore Portalis, peuvent ne voir dans cette unité « qu'une perfection de symétrie ; l'homme instruit, l'homme « d'État y découvre les plus solides fondements de l'em- « pire. Des lois différentes n'engendrent que trouble et « confusion parmi des peuples qui, vivant sous le même « gouvernement et dans une communication continuelle, « passent ou se marient les uns chez les autres, et, soumis « à d'autres coutumes, ne savent jamais si leur patrimoine « est bien à eux. Nous ajoutons que les hommes qui dé- « pendent de la même souveraineté, sans être régis par « les mêmes lois, sont nécessairement étrangers les uns « aux autres : ils sont soumis à la même puissance, sans « être membres du même État : ils forment autant de na- « tions qu'il y a de coutumes différentes. Ils ne peuvent « nommer une patrie commune. — Aujourd'hui, une « législation uniforme fait disparaître toutes les absurdi- « tés et les dangers ; l'ordre civil vient cimenter l'ordre « politique. Nous ne serons plus Provençaux, Bretons,

« Alsaciens, mais Français. Les noms ont une plus grande « influence que l'on ne croit sur les pensées et les actions « des hommes. — L'uniformité n'est pas seulement éta- « blie dans les rapports qui doivent exister entre les « différentes portions de l'État; elle est encore éta- « blie dans les rapports qui doivent exister entre les « individus. Autrefois les distinctions humiliantes que le « droit politique avait introduites entre les personnes « s'étaient glissées jusque dans le droit civil. Il y avait « une manière de succéder pour les nobles, et une autre « manière de succéder pour ceux qui ne l'étaient pas. Il « existait des propriétés privilégiées que ceux-ci ne pou- « vaient posséder, au moins sans une dispense du souve- « rain. Toutes ces traces de barbarie sont effacées : la loi « est la mère commune des citoyens; elle accorde une « égale protection à tous. — Un des grands bienfaits du « nouveau Code est d'avoir fait cesser toutes les différen- « ces civiles entre les hommes qui professent des cultes « différents...

« On n'a pas cherché, dans la nouvelle législation, à « introduire des nouveautés dangereuses. On a conservé, « des lois anciennes, tout ce qui pouvait se concilier avec « l'ordre présent des choses; on a pourvu à la publicité « des mariages; on a posé de sages règles sur le gouver- « nement des familles; on a rétabli la magistrature des « pères, on a rappelé toutes les formes qui pouvaient ga- « rantir la soumission des enfants; on a laissé une lati- « tude convenable à la bienfaisance des testateurs; on a « développé tous les principes généraux des conventions, « et ceux qui dérivent de la nature particulière de chaque « contrat; on a veillé sur le maintien des bonnes mœurs, « sur la liberté raisonnable du commerce, et sur tous les « objets qui peuvent intéresser la société civile. »

Le projet de Cambacérès répondait à ce programme. Il contenait, dans trois livres, qui, sauf quelques variantes de classification, sont reproduits dans le Code Napoléon, toutes les matières du droit civil, c'est-à-dire les principes constitutifs de la famille et de la propriété : les personnes d'abord, ou le *sujet*; les biens, ou l'*objet;* puis les rapports du *sujet* à l'*objet,* les moyens d'appropriation des biens aux personnes, en d'autres termes, les moyens d'acquérir la propriété : méthode que l'on a vainement critiquée, et que la nature même des choses a indiquée et commandée à tous les jurisconsultes s'occupant du droit civil.

Ce n'est pas que l'on ne trouve, dans le travail de Cambacérès, l'empreinte de l'époque où il écrivait. Il n'était pas homme à se soustraire à l'influence des idées dominantes, lui qui leur cédait, au point d'appuyer l'institution du jury en matière civile, seul moyen, disait-il, d'avoir des juges sans-culottes. On peut donc lui reprocher certaines exagérations, par exemple, trop de facilité aux majeurs pour se passer de l'approbation des parents pour contracter mariage, trois jours après une simple réquisition ; — trop de facilité aussi pour le divorce ; — la prohibition d'avantager les héritiers ; — la réduction au dixième, ou au sixième, de la portion disponible ; — la défense de donner aux riches et aux célibataires ; — les droits des enfants naturels reconnus.

Mais ces dispositions, qu'il était facile d'adoucir ou de supprimer, laissaient intacts les grands principes conservateurs de la société : la liberté des conventions matrimoniales, et, en cas de silence des parties, le régime de la communauté ; — les avantages entre époux anéantis par le divorce ; — l'époux survivant, nécessiteux, admis à jouir d'une partie des biens de l'époux prédécédé ; — la recherche de la paternité interdite ; — la protection légale des père et mère finissant à la majorité ; — l'adoption admise ; — l'ordre des successions réglé sans préférence aucune, même entre Français et étrangers ; — l'obligation du rapport imposée aux héritiers ; — un système hypothécaire fondé sur la publicité. — Tout cela se trouvait, dans le Code, avec un ensemble complet de dispositions sur les contrats, les preuves, l'extinction des obligations, les prescriptions, etc.

La discussion, ouverte le 22 août 1793, se termina le 9 nivôse an II. Le Code civil était voté, était complet. Mais la Convention ne fut pas contente de cette loi si paisiblement élaborée. Déjà, le 5 brumaire précédent, elle avait voté révolutionnairement une loi qui, sous le titre d'*Appendice au Code civil,* établissait des règles, en grande partie rétroactives, sur les successions ouvertes depuis le 14 juillet 1789 ; elle se disposait à voter la loi du 17 nivôse an II, qui allait compléter celle du 5 brumaire. Ainsi armée contre la législation ancienne, elle ne trouvait pas aussi urgent de décréter une législation nouvelle : elle créa donc, le 3 novembre 1793 (13 brumaire an II), une commission de six membres, qu'elle chargea de reviser et retoucher le Code civil présenté par le Comité de législation. « La Convention, dit M. Louis Blanc, avait un idéal « si élevé, qu'un travail, tant admiré depuis, lui parut « encore au-dessous de ce que le peuple était en droit « d'attendre; et le projet de Cambacérès, attaqué comme « sentant trop *l'homme du palais,* fut renvoyé à un *comité « de philosophes.* » Ces philosophes furent Couthon, Montaut, Meaulle, Second, Richard et Raffron.

De cette révision sortit le second projet de Cambacérès. Car, toujours docile à l'impulsion du pouvoir, ce grand jurisconsulte avait consenti à mutiler son ouvrage, à le réduire à quelques têtes de chapitre, qui auraient nécessité une foule de lois secondaires, pour tirer les conséquences des principes qu'on se bornait à poser. Venu à la discussion après le 9 thermidor, le nouveau projet fut abandonné après deux séances (16 et 19 frimaire an III). Une commission fut nommée pour reviser de nouveau et coordonner le Code décrété. A cette commission on adjoignit Cambacérès et Merlin. On revenait aux hommes de palais.

Le travail de la commission de révision ne fut présenté qu'au conseil des Cinq-Cents. C'est ce qu'on a appelé le troisième projet de Cambacérès. Précédé d'un remarquable discours préliminaire, il reproduisait, avec quelques développements de plus et quelques erreurs de moins, le Code voté par la Convention ; et, pour rendre plus sensible l'accord du projet avec les lois révolutionnaires votées depuis 1789, l'auteur avait rappelé en note, sous chaque titre, les différents décrets dont la substance était rappelée et confirmée dans son travail. Les enfants naturels et adoptifs étaient traités moins favorablement que les enfants nés pendant le mariage; cependant la part de l'enfant naturel reconnu avant le mariage était la même que celle de l'enfant légitime. On maintenait, contre diverses objections, la prohibition de rechercher la paternité. On supprimait, dans l'association conjugale, l'administration commune laissée aux deux époux par le projet précédent. On permettait aux époux de s'avantager, indéfiniment vis-à-vis des collatéraux, en usufruit au cas d'enfants du mariage, jusqu'à concurrence de la jouissance d'une part héréditaire pour le cas d'existence d'enfants d'un premier lit. On donnait à l'époux survivant une sorte de douaire. Le divorce était maintenu, mais avec moins de facilités pour l'obtenir. Les services fonciers (on évitait le nom de servitudes) étaient soumis à la prescription pour les éteindre, non pour les acquérir. La quotité disponible était toujours très-restreinte : un dixième en ligne directe, moitié ou un tiers en ligne collatérale. On tenait toujours à l'égalité des partages et à la conservation des biens dans les familles.

Les conseils créés par la Constitution directoriale ne purent s'occuper utilement du projet qui leur était présenté. La procédure constitutionnelle était longue et compliquée. Les commissions changeaient souvent et apportaient de nouveaux projets. Cambacérès cessa de faire partie du conseil des Cinq-Cents. A peine si quelques séances purent être consacrées à la discussion d'un petit nombre d'articles ; et, au moment où la délibération allait être reprise, le 18 brumaire survint.

La nouvelle organisation des pouvoirs publics donna naissance au projet qui porta le nom de M. Jacqueminot, rapporteur de la commission de législation, à laquelle on avait joint trois jurisconsultes, MM. Tronchet, Crassous et Vermeil (1). Cambacérès était alors ministre de la justice, et la commission parlait en ces termes de ses travaux : « C'est un recueil de vastes connaissances: la distribution « en est simple et belle. Le jurisconsulte, familiarisé avec « les hautes et profondes méditations, s'y montre à chaque « page; mais on y voit quelquefois le sage lui-même « obligé de payer tribut aux erreurs qui l'assiégeaient. « L'auteur l'a reconnu, et a avoué la nécessité de retou- « cher plusieurs parties de son ouvrage. Aussi nous a-t-il « secondés dans celui que nous vous offrons. »

Portalis a également rendu justice au travail de Cambacérès :

« Le consul Cambacérès, dit-il dans le discours préli- « minaire du Code civil, publia, il y a quelques années, un « projet de Code, dans lequel les matières se trouvent « classées avec autant de précision que de méthode. Ce « magistrat, aussi sage qu'éclairé, ne nous eût laissé rien « à faire, s'il eût pu donner un libre essor à ses lumières « et à ses principes, et si des circonstances impérieuses « n'eussent érigé en axiomes de droit des erreurs qu'il ne « partageait pas. »

Le projet Jacqueminot n'était pas complet : il ne com-

(1) Le discours préliminaire de M. Jacqueminot cite aussi, parmi les collaborateurs du Code civil, MM. Favard, Grenier, Hua, Porriquet, Cournol et Tardy.

prenait, outre les Titres *Du mariage, Des majeurs et de l'interdiction, Des mineurs, de la tutelle et de l'émancipation,* que ceux *Des donations entre-vifs et à cause de mort, Des successions,* et *De la communauté des biens entre époux.*

Le projet Jacqueminot est une copie amplifiée du projet Cambacérès. Le mariage n'est considéré que sous ses rapport civils et politiques ; la majorité de vingt-cinq ans est substituée à la majorité simple quant à la nécessité du consentement des père et mère. Le divorce est maintenu comme cause de dissolution du mariage. Le Titre *Du divorce* n'est pas rédigé ; on voit seulement, au Titre *De l'interdiction,* qu'elle est considérée comme une cause de divorce. La portion disponible est étendue au quart, s'il existe des enfants ou descendants ; à la moitié, au cas d'existence d'ascendants, de frères et sœurs, ou de descendants d'eux ; aux trois quarts, si le donateur laisse des oncles ou grands-oncles ou des cousins germains. Cette quotité peut être donnée aux enfants et aux successibles. Entre époux, la portion disponible est celle adoptée plus tard par le Code Napoléon. Les enfants naturels, soit qu'on les considère comme héritiers, soit qu'on ne leur accorde qu'une créance sur la succession de leurs père et mère, n'ont qu'une portion moins forte que s'ils étaient légitimes. Les enfants adultérins ou incestueux sont traités moins favorablement encore.

Voilà quels furent les seuls changements proposés au projet de Cambacérès.

Le projet Jacqueminot ne fut pas discuté. Dès le 24 thermidor an VIII, le premier Consul nomma la commission qui devait avoir l'honneur de soumettre aux délibérations du Conseil d'État la rédaction définitive du Code civil. Ce monument, auquel il faut rattacher le magnifique *discours préliminaire* de Portalis, est aujourd'hui acquis à la France ; et, par la part que prit à ses discussions le premier Consul, ainsi que par l'énergique volonté qui le fit triompher de tous les obstacles (1), le soldat, vainqueur et législateur, a bien mérité d'y attacher son nom.

Mais il y aurait injustice à méconnaître les services rendus au droit civil par nos assemblées révolutionnaires, par les travaux préparatoires dus à quelques-uns de leurs membres les plus éminents. Cambacérès, Merlin, Oudot, Guyton de Morveau, Garran-Coulon, Berlier, doivent être comptés parmi les pères du Code Napoléon.

III

L'égalité n'est que la traduction du dogme chrétien de la fraternité des hommes.

Aussi les tendances primitives de la Révolution française furent-elles une aspiration chrétienne.

« C'est un écoulement du christianisme, » a dit M. de Lamartine.

« La Révolution française est la conséquence dernière et la plus avancée de la civilisation moderne, et la civilisation moderne est sortie tout entière de l'Évangile, » ont dit les auteurs de l'*Histoire parlementaire de la Révolution.*

Il peut paraître étrange que l'on range sous le drapeau de la fraternité les actes d'une révolution qui ne se fit pas faute d'employer contre ses ennemis des moyens assurément peu fraternels.

Mais, sans prétendre excuser ni même expliquer les excès et les crimes d'une époque de fièvre et de guerre, il nous sera permis de demander l'esprit de la révolution à l'illustre Assemblée qui proclama la première les immortels principes de 1789.

(1) On sait que les premiers titres du Code civil, combattus par le Tribunat, furent rejetés par le Corps législatif.

Or l'Assemblée constituante a cru fermement à la fraternité humaine; toutes ses fondations, basées sur l'égalité, ont attesté sa croyance.

Nous l'avons vue, dans les rapports de la France avec les nations étrangères, invoquer ce sentiment élevé de la fraternité humaine, appeler dans son sein tous les peuples de la terre, les inviter à jouir, sous un gouvernement libre, des droits sacrés et inaliénables de l'humanité.

A l'intérieur, elle établit l'ordre social sur l'égalité du territoire, des classes, des sexes, des cultes, des propriétés, l'égalité en matière d'impôts, l'égalité dans les familles, devant les tribunaux, l'égalité de législation. Pourquoi toutes ces choses ? C'est que le grand mot de l'Apôtre avait trouvé sa réalisation : *Vos omnes, fratres estis.*

On ne s'arrêta pas non plus devant la proclamation du grand devoir, de la grande vertu du christianisme, la charité. Les besoins matériels, les besoins spirituels de l'humanité, trouvèrent satisfaction dans les institutions de cette époque.

Ouvrons le Code de 1789. Au nombre des droits des hommes, des devoirs de la société, des promesses et des engagements de celle-ci, nous lisons :

« Il sera créé et organisé un établissement général de « secours publics, pour élever les enfants abandonnés, « soulager les pauvres infirmes, et fournir du travail aux « pauvres valides qui n'auraient pas pu s'en procurer.

« Il sera créé une *instruction publique* commune à tous « les citoyens, gratuite à l'égard des parties d'enseigne- « ment indispensables pour tous les hommes. »

Il faut remarquer que c'est à un économiste, Dupont de Nemours, à l'ami de Turgot, que l'on doit la mention des enfants abandonnés, parmi ceux qui avaient droit aux secours publics. A la séance du 9 août 1791, il prit la parole sur le paragraphe proposé par Thouret, au nom du

Comité de constitution. — « Saint Vincent de Paul, dit-il, « est le fondateur du premier hospice d'enfants trouvés ; « cet acte de bienfaisance lui a mérité la reconnaissance « du genre humain. Je demande que l'article soit rédigé « en ces termes. » (ceux qui furent adoptés).

On n'avait pas encore emprunté à l'économie politique anglaise les arguments qui condamnent ces établissements de bienfaisance. L'Assemblée constituante faisait tout simplement de l'économie politique chrétienne.

Et c'est en pleine connaissance de cause qu'elle agissait ainsi. Des hommes, peu croyants peut-être, comprenaient la valeur sociale des principes du christianisme.

Charles Lameth disait, le 12 avril 1790 : — « Qu'a fait « l'Assemblée nationale ? Elle a fondé la Constitution sur « cette consolante égalité si recommandée par l'Évangile ; « elle a fondé la Constitution sur la fraternité et l'amour « des hommes... »

Voidel disait, le 6 novembre, au nom d'un comité de l'Assemblée : — « La déclaration des droits et la Consti- « tution ont consacré les maximes religieuses et civiles « de ce livre qui, bien médité, peut suffire à l'instruction « et au bonheur des hommes... »

Écoutons Mirabeau : — « Je suis scandalisé de ne pas « voir des mandements civiques se répandre dans toutes « les parties du royaume, et porter jusqu'à ses extrémi- « tés les plus reculées des maximes et des leçons confor- « mes à l'esprit d'une révolution qui trouve sa sanction « dans les principes mêmes et les plus familiers éléments « du christianisme... La France apprendra aux nations « que l'Évangile et la liberté sont les bases inséparables « de la vraie législation et le fondement éternel de l'état « le plus parfait du genre humain. »

Des révolutionnaires plus prononcés, ou qui du moins allèrent plus loin que la Constituante dans des assemblées ultérieures, professaient les mêmes sentiments :

« Barrère, nous dit son biographe (1), était trop dé-
« mocrate pour ne pas se montrer juste envers le chris-
« tianisme. Aussi trouvons-nous parmi ses manus-
« crits un ouvrage projeté, sous ce titre : *Du christia-*
« *nisme et de son influence,* où il célèbre les bienfaits
« du *législateur de la démocratie,* tel est le nom qu'il
« donne à Jésus. Chose singulière ! Grégoire eut la même
« pensée toute sa vie : il a rassemblé les matériaux d'un
« livre immense sur l'*influence du christianisme,* considérée
« sous tous ses points de vue et dans tous ses résultats. »

L'Assemblée constituante n'avait-elle pas, d'ailleurs, indépendamment de ses sentiments chrétiens, une raison positive pour s'occuper du sort des pauvres? Elle avait adopté, le 2 novembre 1789, la proposition de Mirabeau: qu'il soit déclaré que tous les biens ecclésiastiques sont à la disposition de la nation, à charge de pourvoir d'une manière convenable aux frais du culte, à l'entretien de ses ministres et au soulagement des pauvres.

N'est-il pas arrivé à ce moment, en France, quelque chose de semblable à ce qui s'était passé en Angleterre sous Henri VIII, lorsque à la confiscation des biens des couvents avait répondu la première loi des pauvres?

En prenant les biens ecclésiastiques, la nation ne s'est-elle pas subrogée aux obligations des précédents possesseurs?

Or ces obligations étaient bien réellement celles qu'indiquait Mirabeau : le domaine de l'Église était affecté, par tiers, à ces trois destinations : 1° frais du culte ; 2° entretien des ministres; 3° actes de charité.

La charité était donc sécularisée ; elle devenait un devoir civil et laïque.

Aussi les cahiers de bailliage avaient-ils prescrit aux députés des mesures charitables de tout genre : ils

(1) H. Carnot, *Notice sur Barrère*, p. 170.

s'étaient expliqués surtout à l'égard des enfants abandonnés.

« Que le régime des maisons des enfants trouvés et des hôpitaux soit perfectionné » (Évreux, *Tiers-état*) ;

« Qu'ils examinent s'il ne serait pas possible, en leur donnant une éducation patriotique, de tirer parti de la foule des enfants abandonnés, que l'État recueille... » (Lyon, *Noblesse*) ;

« Qu'il soit disposé des berceaux commodes pour l'exposition des enfants, afin que ceux qui sont chargés de les y déposer, n'ayant plus à craindre d'être poursuivis, ne compromettent pas la vie de ces infortunés » (Périgord, *Noblesse*) ;

« Que les États-Généraux prennent en considération le soin des enfants trouvés, pour en augmenter les établissements, et qu'il soit spécialement ordonné de n'en jamais refuser » (Auvergne, *Noblesse*) ;

« Nos députés demanderont que les États-Généraux s'occupent des moyens d'assurer un sort fixe aux bâtards et de les rendre utiles à l'État » (Agenois, *Noblesse*) ;

« Qu'il soit établi, dans chaque province, un hôpital pour les fous, et un autre pour les enfants trouvés » (Artois, *Noblesse*) ;

« Le député proposera de s'occuper des moyens de rendre les enfants trouvés plus heureux, et en même temps plus utiles, en faisant élever les garçons dès l'âge le plus tendre sur les côtes, pour les disposer, autant qu'il sera possible, au service maritime, sous la dénomination d'*enfants de l'État,* et en faisant employer les filles dans les manufactures, filatures, etc. » (Auxois, *Noblesse*) ;

« Les États-Généraux établiront, dans chaque municipalité, un bureau de charité pour le soulagement des pauvres, et s'occuperont de la réformation des hôpitaux et de l'amélioration de leurs revenus. Ils aviseront aux moyens de procurer, à chaque province, un ou plusieurs hospices, suivant la nécessité, où seront reçues secrètement, pendant trois mois, ces victimes malheureuses de la séduction, que l'ignorance des lois, la honte ou la misère, exposent trop souvent à la sévérité de la justice » (Anjou, *Tiers-État*) ;

« Qu'il soit établi des hôpitaux généraux et des dépôts, dans chaque bailliage, dans les maisons des religieux mendiants supprimés, le tout aux dépens des caisses provinciales et par les soins des États provinciaux ; ou que ceux subsistants soient suffisamment augmentés pour la retraite des enfants trouvés, malades, incurables et mendiants valides... » (Saint-Quentin et Vermandois, *Tiers-État*) ;

« Il serait à désirer que les États-Généraux s'occupassent, de concert avec le roi, de la rédaction d'une loi qui assurerait à jamais l'état et la subsistance des bâtards. La fameuse loi de Henri II, qui prononce la punition corporelle la plus sévère, dans le cas où périt, sans déclaration préalable devant les juges, le fruit des nœuds illégitimes, est digne des temps les plus barbares : elle était la cruelle alternative de la punition ou du déshonneur, et force souvent de malheureuses victimes de la séduction ou des passions à devenir criminelles dans la crainte d'être découvertes. Les États Généraux devraient détruire irrévocablement cette loi, pour lui en substituer une autre, qui, d'accord avec le bon ordre, ne blessât plus l'humanité. » (Touraine, *Noblesse*) ;

« Que dans les hôpitaux il soit établi, autant qu'il sera possible, des salles particulières pour les femmes en couches ; — qu'il soit pourvu d'une manière fixe au paiement de la dépense qu'entraîne le soin des enfants trouvés jusqu'à l'âge de dix ans, et avisé aux moyens de leur procurer des apprentissages dans les villes, ou de les rendre utiles à l'agriculture dans les campagnes » (Troyes, *Tiers-état*).

C'est à ces vœux que l'Assemblée constituante fit droit, en votant la déclaration que nous avons rapportée, et qu'elle fit figurer en tête de l'acte constitutionnel.

Déjà, et par provision, elle avait fait cesser les procès scandaleux que soutenaient trop souvent les seigneurs hauts-justiciers, à l'occasion des enfants exposés et abandonnés sur leur territoire. Car les dépenses de ces enfants étaient anciennement à leur charge; et cette disposition explique peut-être les vœux si libéraux de l'ordre de la noblesse à cet égard. Un décret des 29 novembre-10 décembre 1790 fit cesser l'obligation des seigneurs hauts-justiciers (1), et décida qu'il serait pourvu provisoirement à la nourriture et à l'entretien de ces enfants, aux dépens de l'hôpital ou de l'hospice le plus voisin, qui, s'il n'avait pas de fondation pour ce genre de charité, pourrait recourir sur le trésor public.

Le 18 février 1791, des fonds sont votés pour... les Invalides et les Quinze-Vingts, les enfants trouvés et les dépôts de mendicité, le traitement des ecclésiastiques et religieux des deux sexes supprimés, et les secours accordés aux hôpitaux. Cette somme est ordonnancée, le 29 mars suivant, soit : 3,261,977 livres à la charge du trésor, et 806,226 livres à la charge des départements. Le trésor public continuera à rembourser, tous les trois mois et par avance (décret des 28 juin-11 septembre 1791), les dépenses faites par les hôpitaux pour les enfants trouvés et les dépôts de mendicité.

Indépendamment de ces charges privilégiées et qui devaient grever le budget général de l'État, les assemblées administratives de département étaient chargées, sous l'autorité et l'inspection du roi, des parties de l'administration relatives : 1° au soulagement des pauvres... 2° à

(1) Par contre, les seigneurs furent privés, sans indemnité, du droit d'aubaine, de bâtardise, d'épaves, qui leur appartenait, en compensation de la charge des enfants trouvés (Décret des 13-20 avril 1791).

l'inspection et à l'amélioration du régime des hôpitaux, hôtels-Dieu, établissements et ateliers de charité, etc. (décret du 22 décembre 1789).

Mais l'Assemblée constituante, ayant posé les principes généraux et pris les mesures urgentes, laissa aux Assemblées suivantes le soin d'organiser en détail les secours publics.

Le 19 mars 1793, un décret organique, dont Barrère fut le rapporteur, posa un magnifique programme, qui malheureusement ne fut qu'un programme.

Chaque législature devait accorder une somme annuelle à chaque département de la République, pour être employée en secours à l'indigence. Ces fonds seraient employés de la manière suivante : Travaux de secours pour les pauvres valides, dans les temps morts au travail, ou de calamité ; — secours à domicile pour les pauvres infirmes, les enfants, les vieillards et les malades ; — maisons de santé pour les malades qui n'ont point de domicile, ou qui ne pourront y recevoir du secours ; — hospices pour les enfants abandonnés, pour les vieillards et les infirmes non domiciliés ; — secours pour les accidents imprévus. — « Il sera établi, disait encore le décret, partout où besoin sera, des officiers de santé pour les pauvres secourus à domicile, pour les enfants abandonnés, et pour les enfants inscrits sur la liste des pauvres. Les accoucheurs et accoucheuses établis dans les villes et dans les campagnes, et dont la capacité sera reconnue, seront chargés des accouchements des femmes inscrites sur les états des pauvres. »

Après toutes ces prévisions, il était permis à la Convention de décréter la vente des biens des hôpitaux, fondations et dotations en faveur des pauvres (art. 5 du même décret), mais seulement après l'organisation complète, définitive et en pleine activité des secours publics. A cette même condition, la mendicité était réprimée (art. 14), et les aumônes particulières devaient être remplacées par des souscriptions volontaires, dont le produit serait versé dans la caisse de secours du canton, pour être le tout réuni aux fonds de secours qui lui seraient échus dans la répartition (art. 15).

On comprend que Barrère pouvait être fier de cette conception, et que, vieux et proscrit, il ait écrit dans ses Mémoires : « C'est ce rapport dont j'invoquerai toujours le « souvenir, et qui, seul peut-être, me recommandera un « peu aux générations à venir (1). »

Bientôt, par un entraînement irréfléchi, la charité fut portée jusqu'à l'utopie ; et le décret du 28 juin 1793, prenant à la lettre la proclamation des secours publics comme une *dette* de la société, institua en quelque sorte un grand livre de la bienfaisance, et donna aux pauvres un droit positif et exigible à une pension alimentaire calculée sur le nombre de leurs enfants, toutes les fois que le produit de leur travail n'était plus en proportion avec les besoins de leurs familles. A la bienfaisance publique on substituait la *charité légale* et obligatoire ; dispensant ainsi les pauvres du devoir de la reconnaissance, et les armant d'un droit qui pouvait devenir terrible et menaçant.

Le même décret du 28 juin 1793, en déclarant que la nation se chargeait de l'éducation physique et morale des enfants connus sous le nom d'*enfants abandonnés,* disait (art. 4) que toute fille qui déclarerait vouloir allaiter elle-même l'enfant dont elle serait enceinte, et qui aurait besoin des secours de la nation, aurait droit de les réclamer; et un décret du 17 pluviôse an II fit une application spéciale de ce principe, où quelques écrivains prévenus ont cru voir un encouragement à l'immoralité (2). Mais la

(1) *Mémoires de Barrère*, t. II, p. 127.

(2) LAMENNAIS, *Essai sur l'indifférence*, I, 323. — LAMARTINE, *Histoire des Girondins*, V, 407 ; VII, 290 ; VIII, 314.

Convention a été vengée de ces accusations, et l'honorable M. de Watteville a écrit qu'elle avait imprimé à cet égard la meilleure direction aux idées; si bien que, depuis cette époque, les dispositions les plus favorables aux enfants trouvés, soit dans l'opinion publique, soit dans les lois, ont été inspirées par elle. « Et, pour choisir entre tous, « dit-il, un exemple singulier de la justesse et de la mora- « lité de ses vues, nous citerons le principe par elle émis, « de la nécessité de secourir les filles-mères qui veulent « élever leurs enfants. Ce principe souleva pendant un « demi-siècle de violentes clameurs... Mais enfin, grâce « aux études les plus sérieuses et les plus approfondies, « aux résutats de l'expérience, administrateurs et mora- « listes, tous pensent aujourd'hui, avec la Convention, que « le secours accordé aux filles-mères n'est pas une prime « donnée à la violation des lois de la pudeur, mais un des « plus puissants obstacles à l'abandon des enfants, et le « seul moyen peut-être de retirer du désordre les infortu- « nées qui ont une fois succombé (1). »

Nous arrêtons ici nos recherches sur les fondations philanthropiques de la Convention. Le 22 floréal et le 8 messidor an II, des *grands-livres de la bienfaisance nationale* furent décrétés; mais ils restèrent à l'état de promesse et de lettre morte. Avant de se séparer, et le 2 brumaire an IV, la Convention renonça à ses utopies ; elle suspendit la mesure qui, en vue d'une organisation impossible des secours publics, avait ordonné l'aliénation des biens des hôpitaux, maisons de secours, hospices, bureaux des pauvres et autres établissements de bienfaisance. La suspension, prorogée par plusieurs autres lois, devint définitive. Les biens des hôpitaux leur furent rendus sous le Directoire, et les biens aliénés dûrent être remplacés par des biens nationaux. Ce remplacement ne fut opéré que sous

(1) AD. DE WATTEVILLE, *Revue des Deux-Mondes,* 15 décembre 1845.

le Consulat (arrêté des consuls, des 15 brumaire an IX, 14 nivôse an XI, et 8 ventôse an XII).

Cependant la loi du 27 frimaire an V avait confirmé les promesses de la Convention, en ce qui touche les enfants abandonnés : ils devaient être reçus gratuitement dans tous les hospices de la République, aux dépens du trésor national, quand il n'existerait pas de fondations affectées à cet objet. Mais, malgré plusieurs lois destinées à procurer des ressources pour cette destination (lois des 26 fructidor an VI et 6 vendémiaire an VIII), l'historien de la Révolution atteste que le service des enfants trouvés se ressentait de la perturbation générale ; qu'on voyait une quantité d'enfants abandonnés que la charité publique ne recueillait plus, ou qui étaient confiés à de malheureuses nourrices dont les gages n'étaient point payés (1). Le Consulat fut, sous ce rapport, comme sous tant d'autres, une époque de réparation. Les hôpitaux furent dotés : on leur restitua leurs biens non aliénés, et on remplaça les autres ; on leur rendit les sœurs hospitalières, on créa des bureaux de bienfaisance ; enfin, par tous les moyens possibles, on revint aux principes de l'Assemblée constituante, qui avait fondé la *charité publique*, et non la *charité légale*, qui avait fait, de l'obligation de secourir les malheureux, un devoir social, mais non un droit positif et exigible par les parties prenantes. C'est encore le principe aujourd'hui en vigueur.

Si la Révolution avait compris le devoir de la fraternité humaine sous le rapport matériel, si même elle l'a faussé par son exagération, on ne peut lui faire de semblables reproches pour cet autre devoir qui constitue aussi une dette de la société envers ses membres, la dette intellectuelle de l'instruction et de l'éducation. Presque tout ce qu'elle a fondé est encore debout.

(1) *Histoire du Consulat et de l'Empire*, III, 295.

Les excitations ne lui manquèrent pas. Déjà Turgot avait eu le pressentiment de ce qu'il fallait faire pour régénérer la France. La base de l'édifice, disait-il, est un conseil de l'instruction nationale. Il y a des méthodes et des établissements pour former des géomètres, des physiciens, des peintres ; il n'y en a pas pour former des citoyens. Le conseil fera composer des livres classiques, où l'étude des devoirs du citoyen sera le fondement de toutes les autres. L'instruction religieuse (donnée par le clergé) ne suffit pas pour la morale à observer entre les citoyens. Chaque paroisse aura son maître d'école chargé d'enseigner cette morale, et le même esprit sera introduit dans les établissements de tout degré. En dix ans, la nation ne sera pas reconnaissable (1).

Les cahiers de 1789 contenaient des demandes semblables.

Ceux de la noblesse voulaient un plan d'éducation nationale... Le cahier de Bayonne demandait qu'on établît des écoles d'administration et de droit des gens, pour former des administrateurs et des membres du corps diplomatique.

Le clergé demandait que l'éducation publique ne fût plus conduite d'après des principes arbitraires, et que tous les instituteurs fussent tenus de se conformer à un plan uniforme approuvé par les États-Généraux ; — que, pour mettre tous les magistrats et gens en place dans le cas d'acquérir les lumières nécessaires à leurs fonctions, il fût fait un plan d'études nationales ; — que la classe des maîtres d'école fût perfectionnée, encouragée, améliorée ; que leurs places fussent données au concours, et avec l'approbation des curés ; qu'il fût formé une pépinière de ces hommes si nécessaires ; — qu'il fût établi et fondé dans toutes les paroisses, en proportion de leur étendue,

(1) H. Martin, XIX, 161.

des écoles gratuites, mais distinctes et séparées, pour l'un et l'autre sexe ; — que, pour élever gratuitement les enfants pauvres tant des villes que des campagnes, qui montrent d'heureuses dispositions, il fût établi des pensions, ou petits séminaires, etc. Enfin la majorité des cahiers votait pour que l'éducation fût confiée au clergé.

Comme les autres ordres, le Tiers demande un plan d'éducation nationale..... — Écoles gratuites dans chaque paroisse, où les enfants apprendront la lecture, l'écriture, et, dans les villes, les éléments des arts utiles ; qu'on écrive pour les écoles des livres classiques, enseignant les principes élémentaires de la morale et des droits constitutionnels ; — qu'il soit établi une école de droit public, national et étranger (pour la diplomatie) ; — qu'on établisse dans chaque université une chaire de morale et de droit public.....

Comme on le voit, les vœux de la France appelaient surtout une instruction civique. Mais les besoins devinrent plus généraux.

Les congrégations enseignantes, provisoirement conservées, furent bientôt désorganisées par de nombreux refus de serments. Il en était de même des universités ; et tout ce que put faire l'Assemblée constituante, ce fut de prescrire l'enseignement de la Constitution dans les Facultés de droit (1), qui bientôt cessèrent d'exister. Il y avait donc table rase, la place était libre pour un système complet.

Mirabeau (ou Champfort, que l'on croit l'auteur du discours attribué au puissant orateur) ne voulait pas que l'Assemblée nationale discutât des plans et des méthodes. « Ces méthodes, disait-il, vont se perfectionner par les « progrès successifs des lumières publiques et par l'in« fluence indirecte des lois. En exigeant de l'instruction « pour les places ambitionnées, vous aurez bientôt des

(1) Décret des 26 septembre-12 octobre 1791.

« hommes instruits. En récompensant de bons livres élé-« mentaires, vous en aurez bientôt dans tous les genres. » Ce qu'il voulait, ce qu'il demandait à l'Assemblée, c'était l'organisation des corps destinés à l'enseignement public, le dessin général de l'édifice : c'étaient des examens sévères en présence du peuple et de ses représentants, sur la Constitution et les lois, avant d'être mis sur la liste des éligibles pour les emplois qui demandent cette connaissance, et, cette connaissance, il l'exigeait pour tous les emplois civils.

Talleyrand répondit, par un admirable rapport publié en septembre 1791, à toutes les questions que l'Assemblée avait posées à son Comité de constitution.

Il commençait par signaler les vices de l'ancien système, qui se résumaient en ceci : opposition absolue entre ce qu'un enfant était contraint d'apprendre, et ce qu'un homme était tenu de faire.

Il attribuait à l'instruction un objet immense, indéfini. Elle doit embrasser, selon lui, depuis les éléments les plus simples des arts jusqu'aux principes les plus élevés du droit public et de la morale. Elle est, disait-il, l'art plus ou moins perfectionné de mettre les hommes en toute valeur, tant pour eux que pour leur semblables ; de leur apprendre à jouir pleinement de leurs droits, à respecter et remplir facilement tous leurs devoirs ; en un mot, à vivre heureux et à vivre utiles, et de préparer ainsi la solution du problème des sociétés, qui consiste dans la meilleure distribution des hommes.

Il proposait trois degrés d'instruction : — degré primaire, — degré de district, — degré de département. — Puis, au sommet, un institut universel.

Il voulait qu'on enseignât, dans les écoles primaires, outre ce qui constitue essentiellement ce degré élémentaire..... « 3° les principes de la morale : car elle est à la fois, et pour tous, le bonheur de l'âme, le supplément nécessaire des lois, et la caution véritable des hommes réunis par le besoin et trop souvent divisés par l'intérêt; » 4° les principes de la Constitution : « car on ne peut trop tôt faire connaître et trop tôt faire apprécier cette Constitution sous laquelle on doit vivre, et que bientôt on doit jurer de défendre au péril de sa vie. »

Dans les écoles de district, il voulait aux principes de la morale, dont l'application est si bornée dans le premier âge de la vie, ajouter le développement de la morale dans ses applications privées et publiques ; — aux principes de la Constitution, qui ne peuvent être qu'indiqués à des enfants, ajouter une exposition développée de la déclaration des droits et de l'organisation des divers pouvoirs. A ces deux degrés, comme on le voit, on donnait place à la connaissance des lois sous lesquelles chacun était destiné à vivre. Les Romains aussi, au témoignage de Cicéron, apprenaient par cœur aux enfants les lois des Douze Tables, *ut carmen necessarium* (1). Aujourd'hui, un jeune homme peut avoir terminé ses études sans savoir le premier mot de cette science : il est vrai que la science elle-même a varié tant de fois, qu'il y aurait, pour les élèves, autant à oublier qu'à apprendre.

Dans le plan de Talleyrand, les écoles de département devaient comprendre : les écoles pour les ministres de la religion, — les écoles de médecine, — les écoles de droit, — les écoles militaires.

Enfin, un institut national, comprenant dix classes pour les sciences physiques et les arts, dix classes pour les sciences philosophiques, belles-lettres et beaux-arts, devait constater et conserver les progres acquis, provoquer et encourager les progrès à accomplir.

L'Assemblée constituante ne devait pas voir réaliser ses

(1) Cicéron, *De legibus*, lib. 2. — Montesquieu, *Esprit des lois*, liv. 29, chap. 16.

projets. Elle ne les discuta même pas, et se borna (loi du 22 décembre 1789) à confier aux administrations de département *la surveillance de l'éducation publique et de l'enseignement politique et moral.*

La Convention reprit cette œuvre, et ordonna la réimpression du rapport que Condorcet avait lu à l'Assemblée législative le 20 avril 1792.

Le plan de Condorcet différait peu de celui de Talleyrand. Il voulait, comme lui, des écoles primaires, des écoles de district, des écoles de département; mais, donnant à l'enseignement, dans ces dernières, moins d'élévation et plus de généralité que son prédécesseur, il proposait un degré intermédiaire entre le département et l'institut ou société nationale, qui dans les deux projets était placé au sommet de l'édifice : il donnait à ce quatrième degré le nom de *lycée,* et en créait neuf pour toute la France. C'étaient, sous un autre nom, autant d'Universités qui, consacrées à l'enseignement le plus élevé des sciences, des lettres et des arts, répondaient à nos Facultés de l'enseignement supérieur.

Le plan de Condorcet ne fut pas adopté dans son ensemble. Il fallait du temps, des essais, des tâtonnements, pour réaliser les progrès qu'avait imaginés cet homme éminent, apôtre si convaincu du dogme social de la perfectibilité. Après une longue discussion, souvent interrompue, la Convention s'arrêta à la proposition formulée par Bancal (séance du 24 décembre 1792) de réunir en un seul les deux degrés d'instruction primaire proposés; de fonder dans chaque département, sous le nom d'*écoles centrales,* des établissements généraux d'instruction secondaire, sauf à combler la lacune existant entre ces écoles et l'institut national par des institutions spéciales, professionnelles, destinées à fournir à la nation des sujets capables de la servir dans toutes les carrières.

On organisa donc seulement, comme établissements

d'instruction publique, les écoles primaires (1) et les écoles centrales (2). L'institut national, admis dans tous les projets, fut divisé en trois classes : — sciences physiques et mathématiques, 60 membres ; — sciences morales et politiques, 36 membres ; — littérature et beaux-arts, 48 membres.

La Convention avait pris l'engagement, ou plutôt l'avait légué à ses successeurs, de combler les lacunes que l'on remarque dans son programme, par la création d'écoles spéciales et professionnelles. Elle annonçait, dans son décret testamentaire du 3 brumaire an IV, qu'il y aurait, dans la République, des écoles spécialement destinées à l'étude : 1° de l'astronomie ; 2° de la géométrie et de la mécanique ; 3° de l'histoire naturelle ; 4° de la médecine ; 5° de l'art vétérinaire ; 6° de l'économie rurale ; 7° des antiquités ; 8° des sciences politiques ; 9° de la peinture, de la sculpture et de l'architecture ; 10° de la musique. — Le tout, indépendamment des écoles relatives à l'artillerie, au génie militaire et civil, à la marine et aux autres services publics.

La Convention, — et c'est là le beau côté de son histoire, — avait déjà accompli une partie de ses promesses ; ses fondations, concernant l'instruction supérieure, spéciale et professionnelle, sont la seule partie de ses travaux qui lui ait survécu.

Comme préparation à ces travaux, elle avait d'abord décrété : le droit de propriété des auteurs (17-24 juillet 1793), — un système uniforme de poids et mesures (1er-2 août 1793), — le musée du Louvre (27 nivôse an II), — des bibliothèques publiques (8-24 pluviôse an II), — un concours pour la publication des livres élémentaires (9-14 pluviôse an II). — Elle avait ensuite ouvert :

(1) Décrets des 30 mai-8 juin 1793, 30 vendémaire an II, 27 brumaire an III, 3 brumaire an IV.

(2) 7 ventôse an III, 3 brumaire an IV.

le Muséum d'histoire naturelle, avec douze cours publics pour l'enseignement des sciences naturelles (10 juin 1793); — le Conservatoire des arts et métiers (19 vendémiaire an III); — des écoles normales, à Paris et dans les départements (9 brumaire an III); — des écoles de santé, ou écoles de médecine, à Paris, Montpellier et Strasbourg (14 frimaire an III); — des écoles de sourds-muets, à Paris et à Bordeaux (16 nivôse an III); — des cours de langues orientales (10 germinal an III); — deux écoles d'économie rurale et vétérinaire (29 germinal an III); — un cours d'histoire et d'antiquités, à côté des antiques et des médailles de la Bibliothèque nationale (20 prairial an III); — le bureau des longitudes, les observatoires et un cours d'astronomie (7 messidor an III); — le Conservatoire de musique (16 messidor an III).

Le 1er juillet 1793, un décret, rendu sur le rapport de David, accordait une pension de 2,400 livres aux jeunes artistes qui auraient remporté un premier prix en peinture, sculpture et architecture, pour se perfectionner en Italie, en Flandre, ou sur le territoire de la République.

Si la Convention avait supprimé (18-20 juin 1793) l'aristocratique école militaire et les douze collèges qui en dépendaient, elle crut un moment à la nécessité de les remplacer par un enseignement spécial. Elle créa donc, sur un rapport de Barrère, l'*École de Mars*. Mais cette école n'eut pas une longue durée : l'imminence du péril appela les élèves à la frontière, et soldats, officiers et généraux, dit un historien, apprirent la guerre en la faisant.

Toutefois le besoin d'un enseignement spécial pour les armes savantes avait été senti. On avait provisoirement conservé les écoles qui préparaient des sujets pour l'artillerie, le génie, la marine; et, lorsqu'on voulut les réorganiser, on conçut l'heureuse pensée d'un vaste établissement qui enseignerait en même temps les sciences de la guerre et de la paix. L'École polytechnique fut fondée (décrets des 21 ventôse an II, 7 vendémiaire et 15 fructidor an III).

Bientôt à cette école devenue si célèbre vinrent s'ajouter différentes écoles spéciales, dont plusieurs se recrutaient dans ses rangs. C'étaient des écoles d'artillerie, l'école des ingénieurs militaires, l'école des ponts et chaussées, l'école des mines, l'école des géographes, l'école des ingénieurs de vaisseaux, l'école de navigation et l'école de marine (décret du 30 vendémiaire an IV).

Telles furent, dans le domaine de l'instruction publique, les créations de la Révolution. Sans doute elles n'étaient ni parfaites ni complètes. Des institutions subséquentes ont pu les perfectionner : les promesses de la Convention ont toutes été accomplies. Mais il y aurait injustice et ingratitude à méconnaître ce qui a été fait par nos pères, en vertu du grand principe qu'ils avaient inscrit sur leur drapeau : le principe de la fraternité.

IV

Le Consulat commença une longue éclipse de la liberté politique; mais tous les progrès acquis et accomplis pendant la Révolution furent conservés et adoptés. La liberté civile, l'égalité devant la loi, la fraternité par la charité et l'instruction, formèrent à tout jamais la base de l'ordre social en France, et reçurent les développements que leur assurait l'état des lumières et des mœurs. Lorsque Napoléon, empereur, eut la fantaisie de restaurer les dénominations nobiliaires empruntées au régime féodal, lorsque les Bourbons consentirent à reconnaître cette nouvelle noblesse à côté de l'ancienne, ce ne fut que pour donner à l'une et à l'autre des titres, des rangs, des honneurs, mais aucuns privilèges, aucune autorité, aucune exemption des charges et des devoirs de la société. On sait ce qu'il advint des majorats et des tentatives d'inégalité par le droit d'aînesse.

Aussi le premier Consul, acceptant les principes de 1789, et s'en portant l'héritier et l'exécuteur, pût-il dire, le lendemain du 18 brumaire, en présentant à l'acceptation du peuple une Constitution devenue monarchique, comme l'avait voulue et espérée l'Assemblée constituante : — « Citoyens, la Révolution est fixée aux principes qui l'ont « commencée : elle est finie. »

En effet, lorsque le jeune général entreprit la tâche de législateur, à quels principes dut-il se rattacher ? Quels hommes prit-il pour le seconder ?

« Le Code civil, dit M. Troplong, œuvre d'hommes de « la Révolution, porte, à un incomparable degré d'excel- « lence, le cachet de son origine démocratique..... Le « Code civil est sorti de travaux préparatoires conduits « par des hommes qui, pour la plupart, s'étaient formés « dans les luttes de nos assemblées nationales et qui y « avaient pratiqué, en face des plus grands évènements, « l'amour de la liberté, de l'égalité, de la Révolution. « C'étaient : Cambacérès, dédaigneux, comme il le disait, « des erreurs et des préjugés des jurisconsultes ; Tron- « chet, esprit philosophique, et disciple, quelquefois trop « docile, du *Contrat social;* Berlier, rapporteur de la célè- « bre et démocratique loi de succession de nivôse an II ; « Treilhard, compagnon de Cambacérès et de Berlier à la « Convention nationale, membre du Comité du salut pu- « blic avant qu'il devînt sanguinaire, et qui ne faillit « jamais à la mission de faire prévaloir, dans les lois civi- « les, les intérêts nouveaux nés de la Révolution ; Portalis, « qui, dès les premiers débuts de sa jeunesse et par un « Mémoire sur le mariage des protestants, avait mérité « les éloges de Voltaire pour son esprit philosophique et

« sa morale politique, etc. — L'égalité civile était-elle « destinée à périr entre les mains de ces hommes passés « au feu de la fournaise démocratique? Ne le craignons « pas..... Le programme du législateur fut dès lors, ainsi « que le disait Cambacérès, ministre de la justice, d'éta- « blir des Codes *sur les bases immuables de la liberté, de* « *l'égalité des droits, du respect de la propriété*. L'égalité est « donc un des fondements les plus sacrés du Code civil; « elle est écrite à toutes ses pages. »

Le premier Consul était imbu de ces idées. Sans vouloir lui attribuer la principale part dans la création des Codes, surtout du Code civil, on doit reconnaître qu'il y intervint souvent avec un suprême bon sens, avec des lumières étonnantes pour un homme de guerre, avec une volonté dégagée de préjugés, surtout avec une ardeur au travail qu'il savait faire partager à ses collaborateurs. Il est même à remarquer qu'entre deux opinions débattues devant lui, c'était d'ordinaire à la plus libérale que se ralliait le futur empereur (1).

Mais, ni lui, ni les jurisconsultes qu'il présidait, ne prétendaient inventer un Code, ni faire abstraction de ce qui

(1) L'historien de la Révolution explique comment il avait fait promptement son éducation de législateur :

« S'intéressant à tout parce qu'il comprenait tout, il avait demandé « au consul Cambacérès quelques livres de droit, et notamment les « matériaux préparés, sous la Convention, pour la rédaction du nou- « veau Code civil. Il les avait dévorés..... Bientôt, classant dans sa « tête les principes généraux du droit civil, joignant à ces quelques « notions rapidement recueillies sa profonde connaissance de l'homme, « sa parfaite netteté d'esprit, il s'était rendu capable de diriger ce « travail important, et il avait même fourni à la discussion une large « part d'idées justes, neuves, profondes. Quelquefois une connaissance « insuffisante de ces matières l'exposait à soutenir des idées étranges; « mais il se laissait bientôt ramener au vrai par les savants hommes « qui l'entouraient, et il était leur maître à tous, quand il fallait tirer, « du conflit des opinions contraires, la conclusion la plus naturelle « et la plus raisonnable. » (*Histoire du Consulat et de l'Empire*, t. III, p. 301.)

l'avait précédé. L'œuvre des législateurs était, par-dessus tout, un travail de choix parmi les matériaux que leur fournissaient l'histoire et la science du droit.

« La législation, disait Portalis, choisit dans la science « tout ce qui peut intéresser la société. Il faut, pour com- « prendre le droit français, remonter au droit romain. Le « législateur français a rassemblé un certain nombre de « principes, leur a donné force de loi; mais c'est dans le « droit romain que se trouve le développement de ces « principes, et que la loi est reconnue l'œuvre et le produit « de la raison.

« Dans le nombre de nos coutumes, il en est sans doute « qui portent l'empreinte de notre première barbarie; « mais il en est aussi qui font honneur à la sagesse « de nos pères, qui ont formé le caractère national, et « qui sont dignes des meilleurs temps. Nous n'avons re- « noncé qu'à celles dont l'esprit a disparu devant un autre « esprit.

« En examinant les dernières ordonnances royales, « nous avons conservé tout ce qui tient à l'ordre essentiel « des sociétés, au maintien de la décence publique, à la « sûreté des patrimoines, à la prospérité générale.

« Nous avons respecté, dans les lois publiées par nos « assemblées nationales sur les matières civiles, toutes « celles qui sont liées aux grands changements opérés « dans l'ordre politique, et qui, par elles-mêmes, nous « ont paru évidemment préférables à des institutions « usées et défectueuses. Il faut changer, quand la plus « funeste des innovations serait, pour ainsi dire, de ne pas « innover... L'essentiel est d'imprimer aux institutions « nouvelles ce caractère de permanence et de stabi- « lité qui puisse leur garantir le droit de devenir an- « ciennes. »

A ceux qui, comme M. de Savigny, reprochent à notre Code l'insuffisance des connaissances historiques des rédacteurs, et qui aurait voulu sans doute, en vertu du principe allemand que le droit se fait de lui-même, que les rédacteurs du Code se bornassent à collectionner les usages divers de l'ancienne France, nous répondrons qu'ils n'ont pas manqué à ce labeur; que des hommes comme Tronchet connaissaient assez bien le droit coutumier, et savaient y puiser ce qui devait légitimement lui survivre; que Portalis aussi défendait assez vigoureusement le droit romain, qui gouvernait la moitié de la France; mais que ces respectables monuments de la tradition devaient être mis en harmonie avec les principes nouveaux, pour lesquels on avait fait une révolution; que ces principes, émanation éternelle du droit naturel, déduction directe de cette autre révolution nommée le christianisme, devaient dominer toutes les autres dispositions, et concilier, dans le nouveau Code, l'histoire et le droit, la synthèse et l'analyse, la méthode dogmatique et l'école historique. C'est ce qu'a réalisé l'éclectisme vrai et intelligent de nos législateurs.

On a encore reproché au Code civil (c'est toujours M. de Savigny qui parle) la faiblesse des discussions du Conseil d'État sous le rapport de la science.

Fallait-il donc que les orateurs recommençassent les grandes discussions de l'Assemblée constituante, sur des questions à l'égard desquelles il y avait chose irrévocablement jugée? — Quelle nuit du 4 août reste à faire maintenant? s'écriait Barnave après le retour de Varennes. — Quelle nuit du 4 août restait à faire, lorsqu'on discuta le Code civil?

Le Conseil d'État ne discuta donc que des questions utiles et pratiques. Le génie éminemment pratique qui le présidait n'en aurait pas souffert d'autres : il aurait imposé silence aux théoriciens qui auraient soulevé des questions épuisées, sur lesquelles on était d'accord. Est-ce à dire que les hommes éminents qui siégeaient à côté de lui, et qui s'exprimaient avec une entière liberté, étaient au-dessous de leur tâche de jurisconsultes, de savants et de philosophes ? On peut consulter à cet égard l'écrit qui les résume tous, l'admirable *Discours préliminaire* de Portalis.

M. de Savigny reproche encore au Code civil son plan, calqué servilement, dit-il, sur les Institutes de Justinien.

Serait-ce donc un tort d'avoir adopté, pour méthode de droit civil, non pas les Institutes en entier, mais les trois premiers livres d'un ouvrage qui renferme, on est obligé d'en convenir, toutes les matières du droit civil, d'un ouvrage consacré par le respect unanime et prolongé des générations de jurisconsultes?

Est-il d'ailleurs une méthode plus juste, plus exacte, plus philosophique, que celle adoptée par nos législateurs ?

Le *sujet,* — l'*objet,* — le *lien du sujet à l'objet* : telle est la marche nécessaire de l'esprit, quand il étudie une science quelconque.

Le *sujet* du droit civil, c'est l'homme, c'est le *moi*. Le premier livre traite de l'homme, des personnes.

L'*objet* du droit civil, c'est le *non-moi*, c'est la nature extérieure, ce sont les biens destinés aux besoins de l'homme. Le second livre traite *des biens* et des différentes modifications de la propriété.

Le *lien* du *moi* au *non-moi*, le rapport entre l'homme et la nature extérieure, c'est le droit de propriété. Le troisième livre traitera des manières d'acquérir la propriété.

Cette méthode n'est pas seulement celle des Institutes; c'est celle de Domat, quoiqu'il ait fait un livre à part des *Successions*, ou des moyens de transmettre, d'une génération à l'autre, les biens qui font la matière des lois civiles; c'est le plan adopté par Bourjon, dans l'ouvrage le plus méthodique de notre ancien droit (*le Droit commun de la France*); par Argou (*Institutions du droit français*); par Pocquet de Livonière (*Règles du droit français*); par tous les auteurs, en un mot, qui ont voulu faire un travail d'ensemble, et suivre l'ordre naturel et logique des idées.

Le caractère du Code civil a été parfaitement défini par l'auteur de l'*Introduction à la philosophie du droit.*

« A côté des maximes nouvelles de la Révolution sur les « principaux points du droit privé, comme sur l'état des « personnes, sur les successions, etc., reparurent ouverte- « ment les traditions de l'ancienne jurisprudence et les « doctrines du droit romain. Dans tout ce qui ne blessait « pas l'esprit d'égalité et d'indépendance, on reproduisit « l'ancien droit, sous les formes élégantes et philosophi- « ques des Codes modernes : on découpa rapidement plu- « sieurs traités de Pothier, quelques morceaux de Domat, « d'anciennes ordonnances ; et, de cette sorte, les vieilles « habitudes de nos mœurs dans les rapports privés furent « respectées ; l'expérience de nos ancêtres fut associée à « nos propres conquêtes ; ce fut comme une composition « entre l'histoire et la philosophie. Aussi nous n'avons pas « à nous occuper, pour notre compte, de la querelle qui « partage les jurisconsultes allemands ; nous ne sommes « point intéressés à rechercher ce qui vaut le mieux, d'une « législation antique, sans rédaction arrêtée, expression « naïve et quelquefois indécise de la civilisation nationale, « ou d'un petit nombre de règles générales, ayant un ca- « ractère philosophique, formulées clairement dans un « Code. Nous avons tranché cette question d'école par « notre Révolution. Nous nous sommes satisfaits nous- « mêmes dans nos principes et dans nos droits ; mais nous « n'avons pas rejeté nos pères, et nous avons établi les « fondements d'une législation qui n'a été irréligieuse ni « envers le passé et ses respectables leçons, ni envers l'es- « prit humain et ses irrésistibles progrès. C'est ce que n'a

« point senti M. de Savigny, quand il nous reproche l'institution de nos Codes (1). »

Ce que nous disons du Code civil, on peut le dire, quoique à des degrés différents, des autres Codes, dont l'ensemble compose la législation napoléonienne.

Le Code de procédure civile consacre le mode simple et sommaire adopté par l'Assemblée constituante pour les justices de paix. Pour les tribunaux ordinaires, il combine, avec les idées d'égalité conquises par la Révolution, les formes consacrées par l'ordonnance de 1667 : ordonnance de réformation elle-même, délibérée sous l'influence de Colbert et de Lamoignon, et dont les dispositions principales, signalées par Frédéric II, cent ans après sa date, comme ce qu'on pouvait imaginer de mieux (2), n'attendent que des modifications secondaires.

Le Code de commerce, écrit sous l'inspiration moderne de la liberté du travail, reproduit, en les appropriant au temps et aux mœurs, les belles ordonnances de 1673 et 1681.

Enfin, les Codes criminels, qui, depuis leur création, ont été plusieurs fois modifiés, en raison de l'adoucissement des mœurs, consacrent à jamais les grandes institutions fondées en 1789, l'instruction orale, la liberté individuelle, les droits de la défense, l'égalité des peines et le jury.

Cette législation, fondée sur les immortels principes de 1789, n'a pas seulement régi la France : elle a débordé sur l'Europe, elle a fait des conquêtes pacifiques, plus durables que les conquêtes de la guerre. Partout où la France a porté ses armes, elle a porté sa civilisation et ses lois : ses lois ont survécu à ses revers. Car c'est le propre

(1) E. Lerminier, *Introduction à la philosophie du droit*, p. 28.
(2) *Lettre de Frédéric II à l'impératrice Catherine II de Russie.*

de la France de triompher par ses idées, plus encore que par ses armes. Napoléon fut le missionnaire armé de la Révolution.

« Je ne parlerai du Code civil, disait La Fayette (1), que « pour remarquer combien cette émanation du nouvel « ordre social est devenue précieuse aux nations chez qui « la victoire avait porté nos lois. »

A la paix de Lunéville (1801), qui donnait à la France ses limites naturelles et consacrait la politique de Henri IV et de Richelieu, la Bavière acquit, en Allemagne, deux cents lieues carrées de territoire, et l'Électeur put appliquer dans ses États les idées philosophiques qui avaient régénéré notre pays. C'est alors qu'on vit les résultats de cette propagande généreuse exercée par la France en Europe : suppression du vagabondage et d'une grande partie des fêtes religieuses et des ordres mendiants; réforme de la jurisprudence criminelle; égalité des citoyens, sans distinction de religion; abolition de la confiscation des biens; réforme des finances, de l'administration des biens, améliorations dans l'état civil des juifs; l'éducation accordée gratuitement à chaque individu, etc. : tels furent les principaux actes qui signalèrent les premières années du gouvernement de l'Électeur.

L'impulsion ainsi donnée à nos alliés, les vaincus la subissaient eux-mêmes. Le roi de Prusse, pour consoler ses sujets de l'état d'abaissement où avait été réduite leur monarchie, affichait des tendances libérales et civilisatrices. En 1807, il avait fondé les Universités de Berlin et de Breslau; il avait supprimé les juridictions héréditaires, avec indemnités aux possesseurs; il avait effacé la distinction des terres nobles, donnant à chacun la liberté d'en acquérir et d'en disposer librement. En 1808, il avait aboli les punitions corporelles dans l'armée, donné à tout sol-

(1) Discours du 4 juin 1821.

dat, quelle que fût sa naissance, le droit d'aspirer au grade d'officier. En 1809, il ouvrit à tout le monde l'accès aux grades supérieurs, et il soumit la noblesse à l'impôt foncier. En 1810, il abolissait la servitude de la glèbe ; il créait des municipalités électives, en donnant le droit d'élection à tous les habitants ; il supprimait les privilèges industriels et les corporations...

Aussitôt qu'un pays était soumis par nos armes, soit pour être annexé au gigantesque empire français, devenu pour un instant l'empire de Charlemagne, soit pour graviter, satellite soumis, dans l'orbite impériale, nos lois étaient imposées et acceptées. Des sénatus-consultes décrétaient l'abolition du régime féodal, l'égalité civile et... la conscription. Mais quand ce grandiose établissement s'évanouit, quand la France rentra chez elle, épuisée de sang et de forces, il arriva quelque chose de semblable à la chute de l'empire romain ; elle continua de régner par les lois, *non ratione imperii, sed imperio rationis.*

A Naples, la législation générale du royaume avait changé lors de la conquête française : le Code Napoléon y avait été promulgué comme loi de l'État, malgré les réclamations des ministres du nouveau roi, qui voulaient y apporter quelques modifications. Cambacérès, consulté, s'était opposé à tout changement. Après la Restauration, une nouvelle législation fut établie ; mais elle n'est, en grande partie, que la répétition des Codes français. C'est ce que constate Simond, l'humoristique voyageur, ajoutant, il est vrai, que le Code français fait encore loi entre les particuliers, toutes les fois que les juges le veulent bien : car, autrement, on ne saurait les forcer à s'y conformer.

En Piémont, à quelques modifications partielles essayées par Charles-Félix, le roi Charles-Albert substitua une réforme générale qui prit pour base les Codes français, et y apporta même des améliorations de détail.

Gênes conserva le Code civil, sauf des modifications contenues dans un règlement de 1815.

La Toscane, à la restauration de la dynastie autrichienne, en 1814, conserva, du Code Napoléon, la partie relative au système hypothécaire, et reconnut l'abrogation des anciens statuts sanctionnée par le Code. Dans les affaires commerciales, on adopta provisoirement le Code français. Une législation nouvelle, basée en partie sur les mêmes principes, fut inaugurée, le 18 août 1814, sur la succession *ab intestat*, sur la légitime des enfants et la dot des filles; le 15 novembre même année, sur la puissance paternelle, sur l'état des fils de famille, sur les tutelles, les testaments, sur la portion disponible...

Dans les États de l'Église, même sous le pontificat de Pie VII, son ministre, le cardinal Consalvi, publia, en 1816, une loi qui contenait les bases d'une nouvelle législation : l'abolition des statuts particuliers dans les matières civiles, et de nouvelles règles sur les successions, qui se rapprochent de celles de notre pays; la restriction des substitutions fidéicommissaires et l'établissement d'un régime hypothécaire.

Tout cela se passait à une époque de réaction furieuse contre les idées françaises.

Le Code de commerce fut un de ceux qui résistèrent le mieux à la réaction : il continua de subsister là même où l'on n'avait pas cru devoir conserver la législation civile. A l'heure qu'il est, le Code de commerce régit encore toute l'Italie, la Pologne, plusieurs cantons suisses, la Belgique, la Grèce et différents États de l'Allemagne. Dans d'autres pays, de nouveaux Codes ont été rédigés sous l'influence des nôtres. Ainsi, l'Espagne et la Hollande, qui, depuis 1815, ont réformé leur législation, ont entièrement adopté les principes du Code français, en y ajoutant quelquefois, comme autant d'améliorations, les opinions de nos jurisconsultes ou les décisions de notre jurisprudence.

Le Code civil est resté en vigueur, soit partiellement, soit intégralement, en Belgique, en Italie, en Suisse, en Grèce, dans une grande partie de l'Allemagne. La Pologne, à l'époque où la Russie n'agissait pas contre elle par voie de destruction, avait la promesse d'une réforme importante. En 1857, on annonçait la fin des travaux d'une commission qui, sous la présidence du ministre de la justice, élaborait depuis plusieurs années un nouveau Code civil, dont le Code français serait la base.

En Moldavie, en Valachie, les transactions commerciales sont réglées par la loi française : notre Code de commerce, traduit en roumain, est la loi du pays.

L'Allemagne, si fière de son esprit juridique, si exclusive dans ses prétentions nationales, s'est elle-même laissé pénétrer par les idées françaises. C'est surtout en matière criminelle que la tendance se fait remarquer. Par la loi du 17 juillet 1846, le législateur prussien s'est approprié les principaux éléments de la procédure française, le ministère public, le débat oral, la publicité des audiences, l'information préliminaire, la distinction des diverses espèces de contraventions. Le mouvement législatif s'est généralisé depuis : il embrasse aujourd'hui l'Allemagne entière. Partout, dans ces différentes législations, l'action profonde des principes français est facile à constater.

En Prusse, la loi française vit côte à côte avec le droit allemand, et un savant professeur, M. Arndt, constatant cet antagonisme entre le code général (*Landrecht*), produit de l'esprit allemand, et le Code Napoléon, produit de l'esprit roman (latin), exprime la crainte que l'esprit du droit rhénan (du Code Napoléon) ne finisse par l'emporter sur l'esprit du Code général.

C'est ce qui arrivera infailliblement un jour. Les Codes français sont la civilisation même. Ils sont l'expression la plus haute des idées nouvelles, en même temps que le résultat de la tradition historique la plus certaine. A ce double aspect, ils méritent le succès qu'ils ont universellement obtenu. J'ai essayé de rechercher dans leurs origines celles qui se rattachent aux principes immortels de notre rénovation sociale : heureux de donner un nouveau témoignage de pieux respect pour les travaux de nos pères.

Un membre illustre de l'Institut l'a dit, en parlant du Code civil :

« Le grand jurisconsulte qui s'appelle la Révolution, « l'habile législateur qui s'appelle l'esprit français, inspi- « rent et dirigent ces doctes et judicieux rédacteurs d'un « Code admirable, devenu tout ensemble la fidèle image « de la nation transformée, et la règle bienfaisante de son « existence renouvelée et agrandie (1). »

(1) M. Mignet, *Éloge de Savigny*.

Paris. — Typ. Georges Chamerot. rue des Saints-Pères, 19. — 7394.

CHEZ LES MÊMES ÉDITEURS

Paris. — Typographie Georges Chamerot, rue des Saints-Pères, 19. — 7394.

www.ingramcontent.com/pod-product-compliance
Ingram Content Group UK Ltd.
Pitfield, Milton Keynes, MK11 3LW, UK
UKHW021052200726
13857UKWH00003B/902

9 782012 468214